墨菲定律

MURPHY'S LAW

王川 辛岁寒 著

清华大学出版社
北京

本书封面贴有清华大学出版社防伪标签，无标签者不得销售。

版权所有，侵权必究。举报：010-62782989，beiqinquan@tup.tsinghua.edu.cn。

图书在版编目(CIP)数据

墨菲定律 / 王川，辛岁寒著. —北京：清华大学出版社，2023.12 (2025.1 重印)
ISBN 978-7-302-62708-1

Ⅰ.①墨… Ⅱ.①王…②辛… Ⅲ.①心理学－通俗读物 Ⅳ.① B84-49

中国国家版本馆 CIP 数据核字 (2023) 第 026836 号

责任编辑：胡　月
封面设计：钟　达
责任校对：王荣静
责任印制：刘　菲

出版发行：清华大学出版社
　　　　网　　址：https://www.tup.com.cn，https://www.wqxuetang.com
　　　　地　　址：北京清华大学学研大厦 A 座　　邮　　编：100084
　　　　社 总 机：010-83470000　　　　　　　　邮　　购：010-62786544
　　　　投稿与读者服务：010-62776969，c-service@tup.tsinghua.edu.cn
　　　　质 量 反 馈：010-62772015，zhiliang@tup.tsinghua.edu.cn
印 装 者：北京嘉实印刷有限公司
经　　销：全国新华书店
开　　本：148mm×210mm　　　　印　张：9.375　　　字　数：203 千字
版　　次：2023 年 12 月第 1 版　　　印　次：2025 年 1 月第 5 次印刷
定　　价：49.00 元

产品编号：098594-01

前言

无处不在的墨菲定律！你中招了吗？要迟到了，偏偏一路红灯；刚洗完车，就下雨了；越是讨好别人，别人往往对你越反感；自己排的那一队，永远是最慢的！怎么会这么巧呢？其实，这种现象不是巧合，而是墨菲定律在起作用！

墨菲定律是一种心理学效应，由美国工程师爱德华·墨菲提出，被称为"20世纪西方文化三大发现"之一。它的核心观点：一是任何事都没有表面看起来简单；二是所有事持续的时间都会比预计的长；三是会出错的事总会出错；四是如果你担心某种情况，那么它很可能会发生。

如果你对墨菲定律还不熟悉，那我们就来看一个著名实验：心理学家发现跳蚤可以跳到高于自己身高400倍的高度，如果这时给跳蚤套一个玻璃罩，跳蚤跳起来就会撞到玻璃罩上，连续几次之后，跳蚤就降低了跳跃高度，最高只跳到罩顶处，继续降低玻璃罩高度后，跳蚤的跳跃高度也会降低，拿掉玻璃罩以后会发现跳蚤再也跳不高了。这就是我们熟悉的跳蚤效应，它就是墨菲定律里的一个效应。这个实验告诉我们一个简单的道理：有什么样的目标就有什么样的人生，人生只有一种失败，那就是自我设限。生活中有很多人遇到一点困难就会胆怯，还有人喜欢待在舒适区而不敢去尝试和挑战未知的东西，最后就会像跳蚤一样麻木。无论什么时候，我们都不应该为人生设限，不要担心这个、担心那个，而是要相信自己。

除此之外，我想你一定还听说过以下这些墨菲定律理论。

- 木桶理论：找短板，变劣势为优势。
- 从众心理：随大流，不能坚持自己的主见。
- 青蛙效应：看不到的危机才是真正的危机。
- 刺猬法则：人与人之间要保持适当的距离。
- 首因效应：第一印象非常重要。

……

那么，我们应该如何正确认识和使用墨菲定律呢？这本修订版《墨菲定律》通过生活中各种有趣、悲催、难以理解的墨菲定律表象入手，为你揭开真相，揭示事物背后的运行规律。不管你是希望得到快速成长的职场"小白"，还是想要获得晋升的职场精英，或者是希望找到人生方向的迷茫者，本书都会帮你掌握运筹帷幄的本领，避免成为职场炮灰，助你找对努力方向，少走弯路。

作者

2023 年 1 月

目录 Contents

第一章　正确认识墨菲定律

01　任何事情都没有表面看起来那么简单 / 002
02　所有事情持续的时间都会比预计的长 / 006
03　你觉得会出错的事就一定会出错 / 010
04　侥幸才是人生最大的不幸 / 015
05　苛求小事，就会耽误大事 / 019
06　越是着急，越会出错 / 024
07　过度依赖经验有时也可能犯错误 / 028
08　别总用"我以为"去自信地犯错 / 033
09　付出越多，往往越得不到想要的回报 / 037

第二章　墨菲定律的连锁反应

01　暗示效应：不要被"我不行"催眠 / 044
02　破窗效应：千万不要捅破第一扇窗户 / 048
03　权威效应：人微则言轻，人贵则言重 / 054
04　蝴蝶效应：四两拨千斤，赚得高收益 / 059
05　青蛙效应：学会居安思危，让你的人生更精彩 / 064
06　路西法效应：世上没有绝对的好坏之分 / 070

07 鸟笼效应：摒弃那些残害你的惯性思维 / 076
08 瓦伦达效应：越在意的，越容易失去 / 080
09 聚光灯效应：只有你自己注意自己 / 086
10 毛毛虫效应：盲从有时候会害惨你 / 092

第三章　从墨菲定律中选择与反思

01 马太效应：强者越强、弱者越弱 / 098
02 曝光效应：多露几次脸，别人会对你多几分好感 / 103
03 木桶理论：找到自己的短板，把劣势变为优势 / 108
04 羊群效应："从众"和"盲从"是不一样的 / 112
05 野马结局：愤怒是一种自我毁灭 / 117
06 贝尔纳效应：条条大路未必通罗马 / 121
07 虚假同感偏差：世界未必是你想的那样 / 127
08 控制错觉定律：别让"错觉"来教你犯错 / 132
09 极简法则：幸福来自给生活"做减法" / 137
10 灯塔效应：不同的目标就会有不同的结果 / 143

第四章　墨菲定律的为人处世之学

01 登门槛效应：没有人一开始就会帮你大忙 / 150
02 三明治效应：打个巴掌给个甜枣 / 154
03 首因效应：良好的第一印象是成功的一半 / 159
04 相悦法则：一个巴掌拍不响，感情需要互相喜欢 / 163
05 改宗效应：反驳一个人更能讨对方喜欢 / 168
06 超限效应：过犹不及，把握事情最好的状态 / 174
07 门面效应：用不可能完成的任务给对手设下圈套 / 179
08 贝勃定律：理性分析事实，不随便臆断 / 184
09 刺猬法则：走得太近是场灾难 / 189

第五章　突破墨菲定律的思维，做真正的强者

- 01　沉锚效应：被沉锚带偏的独立思考 / 196
- 02　跳蚤效应：不要轻易给自己的人生设限 / 201
- 03　博傻理论：不要做最蠢的傻瓜 / 206
- 04　酸葡萄效应：乐观至极有时候也是一种消极 / 211
- 05　霍桑效应：关心，可以改变一个人的人生 / 217
- 06　踢猫效应：管理坏情绪，别让它产生连锁反应 / 222
- 07　节俭悖论：会花钱的人才会赚钱 / 227
- 08　二八定律：化繁为简，把时间花在关键的地方 / 233
- 09　南风法则：雪中送炭的温暖才是王道 / 238

第六章　用墨菲定律重新定义人生格局

- 01　别着急对自己说"不"，先试一试 / 246
- 02　严谨防范，避免小概率失误事件 / 250
- 03　生活有得有失才是常态 / 255
- 04　凡事往好的方面想 / 260
- 05　能承受最坏的，才能接受最好的 / 265
- 06　成功后切忌头脑发热做决定 / 269
- 07　把问题扼杀在摇篮里 / 273
- 08　如果事与愿违，一定要相信上天另有安排 / 278
- 09　坚持一下，有时候离成功只有一步之遥 / 282
- 10　不要在乎别人怎么看，做好自己就行 / 287

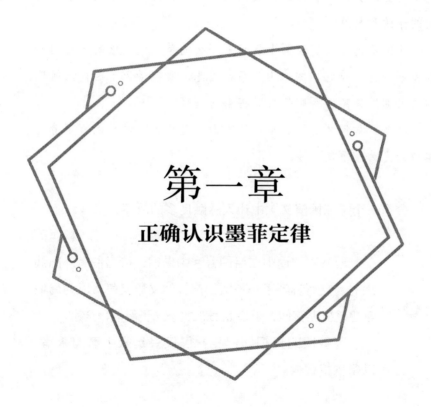

第一章
正确认识墨菲定律

01　任何事情都没有表面看起来那么简单

没有接触过绘画的人总以为绘画很简单，只需要随便画点线条和上上色就行了，其实绘画从笔的选择到颜色的调整，都需要耗费大量的心血。画作最终成稿的那一刻，往往已经经历了无数次的涂改和打磨。

任何事情都没有表面上看起来那么简单，我们眼睛所看到的很多事物都只是它们的冰山一角。因此，我们千万不要被任何事物的表面所迷惑，否则很可能将事情搞砸。

那么，如何才能不被事情的表面所迷惑呢？学会剖析事情的本质是尤为重要的一步。

分享一个《三国演义》中让人感触良多的故事：

> 曹操逃亡途中在吕伯奢家中借宿，待吕伯奢外出沽酒时，突然听到了一阵磨刀声。他又急又气，以为吕伯奢想趁机谋害他，于是他愤怒地杀光了吕伯奢全家。
>
> 可事情的真相如何呢？仅仅只是家丁磨刀杀猪，以备款待曹操。

可见，曹操仅仅看到了事情的表面，就不再深入思考事情的真相，导致他错杀了一家好人，不仅失去了朋友，还从此背负着骂名。这个故事警示我们，想要不被事情的表面迷惑，一定要学会深入思考，去剖析事情的本质。

能够看透事情的本质是一个非常重要的能力。在我们生活中也是一样，不要以为眼前是什么就是什么，要透过表面现象看清事物的本质究竟如何，只有这样我们才能降低犯错的概率。

当然，生活不会如此简单地被破解；相反，很多时候，我们对事物会产生一种"横看成岭侧成峰"的错觉，这是因为我们没有学会脚踏实地、实事求是地做事。

《杨布打狗》这则故事就提到了这一点：

> 杨布出门的时候穿了一件白衣服，遭遇了大雨，白衣服被淋湿了，于是他换了一件黑衣服回家。杨布养了一只非常聪明的狗，早上出门的时候，这只狗看到杨布穿的是白衣服，当杨布身着黑衣服回来的时候，它就冲杨布疯狂地吠。
>
> 杨布见此情景后气极了，拿起棍子就想打狗。杨布的哥哥见此情景笑他："你不要打它，你也是一样的。试想一下，如果此刻是你的狗白着出去，黑着回来，你会不会奇怪？"
>
> 杨布听后，瞬间明白了其中的道理，怒火全消。

杨布只是看到了狗对他狂吠，就以为自己白养了狗，却没承想，狗只是把他当成了陌生人，在守护家里的安全。

因此，很多事情如果只看表面，那么结果往往都是错误的。正所谓"人不可貌相，海水不可斗量"，世界越复杂，就越需要我们学会"看透事情本质"的功夫。

这一点在扁鹊身上有很好的体现：

> 扁鹊周游列国途中，碰到一位生了怪病的王子，很多名医都对其束手无策，最后大夫们不得不宣布王子薨了。细心的扁鹊对这个病例产生了好奇，他觉得这是他从医生涯的一个挑战，于是他走近观察王子，发现其并没有真的死亡，而是一种生理上的假死。
>
> 为了医治王子，扁鹊开始刻苦钻研，尝试了很多种方法，终于治好了王子的病。从此，他的医术也更加被天下人所知。

可见，医术高明往往和能够看清病症的本质是相辅相成的。假设扁鹊在遇到王子的时候，没有脚踏实地地验证自己心中对假死的猜想，抑或在救王子的时候没有实事求是地钻研方法，或许"王子薨了"就成真了。

只有脚踏实地、实事求是地去做事，才能让我们看清事情的本质。这一点经常被运用在科研工作中。很多科学研究都是经过脚踏实地的尝试、失败、再尝试之后，才真正拨开迷雾见到真谛的。

同理，在日常工作和生活中学会这个要领也非常重要。当你的工作进展遭遇阻碍的时候，此刻要做的就是沉下心来，将目前的情况分析透彻，再梳理一遍问题的节点。如此，才能打开思维，看透事情的本质。但很多人往往嫌烦琐而不愿去脚踏实地分析，最后得不偿失，不仅浪费了最佳时间，甚至还可能造成更大的损失。

同时，从看清事物的本质出发就会发现，我们之所以会被迷惑，很大一部分原因是事物太过复杂。要想解决这个问题，有一个秘诀就是化繁为简，把复杂的问题简单化，自然就可以拨开重重迷雾，找到真相了。

举个互联网的例子，你的体会将会非常深刻：

> 如今互联网已成为大千世界的汇总，但互联网归根结底还是以二进制数"0"和"1"来进行数据的存贮、传输和输出展示的。无论多么复杂的东西，都可以用这两个简单的数字组合成一串代码，把复杂的东西简约到极致。

由此可见，事物最终都会归于简单，只是外在的很多东西将它包装起来，从而让它看起来复杂、迷离，让人找不到方向。真正厉害的人，之所以能够成功，很大程度上是因为他们从不只看事物的表面，而是透过表面抓住本质，准确解决问题。

因此，当我们觉得眼前的事情让我们无从下手、无法解决的时候，不妨静下心来，把眼前的事情简单化，找到其中的"1"和"0"，相信解决办法自然会浮现。

《论语》中有："听其言而观其行。"其实就是告诫我们不要被事情的表面所迷惑。同理，当我们在看一个人的时候，不能只听他说了什么，或者只看他做了什么，而是全面地听他说了和看他做了什么，才能够看到这个人的完整面。

这个道理也可以运用在日常生活中，任何事情都没有表面看起来那么简单，几乎所有事情都是复杂的。我们要观其表面，洞察根底，才能认清事物的真相，做好事情。

别倒在顺利的时刻，它会让你迷失；别庆幸简单，它会让你犯错。学会直面复杂，透过表面看问题。

02　所有事情持续的时间都会比预计的长

大多数人都很喜欢做计划，计划今天、计划明天，甚至把自己从起床到睡觉的这段时间安排得很满。但大部分时候，我们最终面对的都是"计划赶不上变化"这个局面。

为什么会这样呢？因为所有事情的发生都是未知的。而我们在实施计划的时候，总会碰到各种各样的阻碍，我们必须一一跨过这些阻碍才能继续前行。因此，所有事情持续的时间都会比我们预计的长。也就是说，如果我们想按时完成目标，就要做好面对突发事件的准备。

这一点在古代战争中体现得淋漓尽致。

古代战争是接连不断的，而维持战争最重要的便是粮草。可是很多时候，朝廷拨给军队的粮草总是一波接一波地分发，这是因为在战争开始后，原本计划几个月就能结束的战争，往往会由于各种原因持续更长的时间，其他计划自然都需要做出调整。

因此，我们要做好"所有事情持续的时间都会比预计的长"的准备，才能在生活和工作中找到应对的方案。

如何应对这种情况呢？也许长平之战能给我们一个答案：

秦军在赵国长平与赵军对峙了两年，最终以秦军获胜而终。而秦军的胜利，得益于它完备的后勤保障体系，即后勤车辆保障、后勤仓储设施建设、道路建设，以及充分利用在当时最为有效、运输量最大的水运体系。

为了方便作战，秦国在旧都栎阳和新都咸阳都建立了大型粮食仓库，还在各郡县建立了储量不等的粮食仓库。当时，许多秦国成年男子只有两件事可做：一是下地种田，二是上前线打仗。

而赵国的粮食产量还远远不足，等他们信誓旦旦地准备打胜仗时，却因为战争时长比预计的长很多，最终导致粮食耗尽而投降。

你看，战争作为一件有着众多不确定性因素的大事，几乎所有的计划都赶不上变化，更别说战争中最重要的粮草。而古时战争一旦变成长时间的拉锯战，就已经不再是策略和兵法的问题，而是后勤保障和粮食储备的问题。

很显然，秦国明白了"所有事持续的时间都比预计的长"这个道理，率先把战时储备粮的问题解决了，打胜仗的概率自然会大很多。

因此，要想应对"现实长过计划"的局面，我们首先要在事情还未发生的时候，就做好相应的准备，以此来应对可能出现的问题。

例如，当你第二天 10 点要赴一个重要的约，那么就要预留出应对突发事件的时间，如起床收拾的时间、路上堵车的时间……做好了这些，你就会发现，或许你 8 点半就要赶紧出门，而不是给自己只留 1 个小时的路上时间。

曾经看到过这样一个故事，也会让人产生相同的感悟：

> 意大利的一家餐巾纸制造厂濒临破产时，突然接到了一笔非常大的订单。只要用一艘装载着客户订购的 10 吨餐巾纸的轮船，按时将货物送达客户那里，就能让工厂起死回生。
>
> 这个消息让人心惶惶的工人们重新燃起了希望。于是他们加班加点地赶制订单，并相当有信心货物一定能按时送达。
>
> 当他们欢呼雀跃，以为工厂可以起死回生时，却收到了客户取消订单的消息。这是为什么？原来，当他们按照计划好的时间出发后，却遭遇了堵车，送货的时间只能推迟。
>
> 虽然最后船到了，可工厂还是倒闭了。

你看，永远不要对事情的计划抱有"侥幸心理"，现实是，所有的计划总会被突发事件打破。就像这家工厂一样，即使他们按原定计划按时发货，却还是因为堵车这个意外未能成功交货。

假设工厂留出足够多的运输时间，即使在路上遇到突发事件，他们也有足够多的时间去应对。或者，当他们在遇到突发事件时，能够立刻告知客户，并与之协商，或许客户就不会如此生气并心急地取消订单，导致工厂失去了这唯一的希望。

由此可见，在事情发展的过程中，肯定会不可避免地遇到很多坎坷。如果我们想把事情干得漂亮，那么一定要给自己留出预计时间外的、去处理突发事件的时间。

那么这个应对突发事件的时间到底应该留多长呢？我建议这个时间最好比预计时间多一倍。

拿面试来举例。一般的面试会在15分钟到半小时之间，但不可避免的是，在这期间我们会遇到某人侃侃而谈或结结巴巴的突发情况，因此，我们在准备面试时，就需要给自己留出半小时到一个小时的发言内容。

如此，当原本5个问题半个小时的正常流程，被10个问题半小时问完的现实冲击时，我们也有足够的应对能力。

用这样的方式做事，我相信，很多问题都能够迎刃而解。

虽然我们会说："亡羊补牢，为时未晚。"可并非所有事情都能够给我们补救的机会，特别是当你面对得罪人的事情的时候，不是所有人都会原谅你。

因此，成功人士面对这种问题，很重要的一个方法便是早预防。那么，如何做到早预防呢？

无论是开会、上班、面试，还是见客户、走亲戚，都要留出充足的时间；去一个陌生的地方旅游或出差，要提前熟悉路线、当地的风土人情等。当你做好了充足的准备之后，应对突发事件的时间便自然缩短许多，很多大问题也会变成小问题，一切都会迎刃而解。

由此可见，早预防就等于做好充足的准备、留出充足的时间、做好"现实长过计划"的应对、快速响应突发事件及减少应对时间，只有这样才能让自己做每一件事时都胸有成竹，一切都尽在掌握，把事情干得漂漂亮亮。

总之，能尽早做好应对准备的事情，就千万不要等事情发生之后，再手足无措地去处理。

要知道，当下你所面对的计划之外的突发事件，对于我们接下来要完成的任务，或许是致命的打击。而如果你想成功，就一定要做好十足的准备，让事态尽可能掌握在自己手中。

03　你觉得会出错的事就一定会出错

生活中我们都有过这样的经历：害怕自己出门时忘记锁门，结果千小心万小心，最后还是忘记锁门了；暗示自己不要弄错数据，结果算来算去，最后还是算错了；告诉自己不要坐错公交车，结果看来看去，最后还是坐反了……

为什么会出现这样的现象呢？实验表明：一个人若长期处于紧张的状态，或者紧张的状态过于强烈，以至于超过自身适应能力时，就可能导致出现错误。

换句话说，那些我们总是不想出错的事情，其实正是我们潜意识里经常会犯错的事情。当我们下意识地告诉自己不要犯错的时候，实际上我们已经进入了紧张的状态，而这种状态总会把我们带入犯错的陷阱。

简言之，我们的情绪出了错。正是这种情绪，让我们产生担忧和紧张，最后就会"怕什么，来什么"。

分享一个沈从文的故事：

> 著名作家沈从文第一次走上讲台时，慕名来听课的人很多。他看着讲台下一双双望着自己的眼睛，生怕自己说错一句话，于是紧张得不知怎么开口。
>
> 很久之后，他才慢慢地平静下来，开始讲课。然而，原本他准备了一个小时的课程，由于太紧张，导致他10分钟就讲完了。此时，离下课时间还早着呢！当他再次站上讲台时又紧张起来，看到这样的他，全场人都哈哈大笑起来。

你看，连知名作家也会因为紧张而出洋相，可见，紧张就是我们出错的根源之一。因此，要想解决出错的问题，我们首先要解决容易紧张的问题。

如何才能有效地缓解自己过于紧张的情绪呢？也许让它"适可而止"，很适合当下的你。

有一个故事对于这一点讲得非常到位：

> 有一个人兜里装了一枚昂贵的金币，为了不让这枚金币丢失，也为了不让别人知道他有这样一枚金币，于是这个人每隔一段时间就会把手放在兜里，探查这

枚金币是否还在。

可这个动作太有规律了，不禁引起了小偷的注意。经过观察，小偷觉得他兜里一定有非常昂贵的物品，于是趁这个人不注意的时候，小偷悄悄盗走了金币。

这个人发现之后，非常懊悔，告诫自己下次一定不要被小偷盯上。于是当他再次揣着金币的时候，更加小心翼翼地摸着兜，探查四周有没有人盯上自己。

这一次，没有小偷盯上他，但兜里的金币还是在他摸来摸去时，从兜里掉了出去，他连金币掉在了哪里都不知道。

你看，这个人害怕丢失金币，反而让自己过度紧张，最后还是丢了金币。而造成这个结果的真正原因在于情绪过度紧张。当他越害怕丢失某样东西，便越会把自己的注意力过多地放在这个东西上，导致自己无法从大局出发，自然就会容易犯错。

从神经系统上讲，过度关注一件事情，会让神经处于亢奋的状态，加剧大脑的供血和能量消耗，从而让人的思考能力减弱。此时，大脑处于一种衰退的状态，思考问题的能力自然不如平时。

因此，稳定的情绪才是防止我们犯错的良方。

生活中很多这样的例子。比如，一些人在平时的测试中都是名列前茅，可一旦参加重要的考试，就犹如魔怔了一般，成绩让人大失所望。又如，一些人平时工作完成得都很好，可一旦领导交给他重要的任务，他的表现却往往不尽如人意。

过度紧张只会让我们离完成目标越来越远，关键时刻，我们不妨适当地停下来，告诉自己适可而止，只有把情绪稳定下来，才能更好地出发。

这就好比，有时，你抱着明确的目标去做一件事情，却并没有成功；而有时你的无心之举却能无心插柳柳成荫。因此，不要总是在事情还没有到来之前就担心得吃不好、睡不好，大可不必这样，把心态稳住，事情一定会朝着好的方向发展。

当然，出错是否只有这一个原因？其实，也有可能是我们对自己的要求和期待太高了。

下面分享一个奥运冠军的故事：

2004年雅典奥运会，杜丽在女子10米气步枪项目中一鸣惊人，勇夺冠军。那枚金牌作为我国在雅典奥运会的首金，让人记忆深刻。而那个时候，无数观众一致认为，接下来的2008年北京奥运会10米气步枪项目的冠军非杜丽莫属。

然而在万众瞩目的2008年北京奥运会10米气步枪决赛时，杜丽错失金牌。原因便是，当这些期待一时间都压在她身上的时候，她想发挥得更好，绝不能失误。而如此高的要求和期待，导致杜丽心态失衡，没能发挥出自己的正常水平，从而错失金牌。

事情到这里并没有结束，赛后杜丽重新调整了心态，战胜了自己的"心魔"。在5天后的女子50米步枪三姿比赛中，她夺得了一枚金牌，证明了自己，没有辜负大家对她的期望。

你看，别人过高的要求和期待会让我们对自己的表现十分在意，当我们带着这些期待面对一些事情的时候，内心就会产生担忧：

> 我会不会丢面子？
> 别人会不会觉得我其实并没有他们想象中的那样厉害？
> 这件事要是做得不好，我就太对不起自己了。
> ……

这一系列的想法，最终会让我们的心态失衡，导致无法静心思考，反映到事情上面，就会让我们频繁地出现错误。

因此，如果我们能够学会偶尔低头，对自己要求低一点儿，不要太过期待自己是那个"拯救世界的大英雄"，抛弃"除了我没人可以做到"等想法，那么我们将会最大限度地降低出错率。

美国"心理学之父"威廉·詹姆斯说："改造世界的力量就在你的潜意识中。"这意味着，任何时候，潜意识决定着我们的行动力。

潜意识里，你害怕在某件事上出错，那么这件事出错的概率就非常大；潜意识里，你觉得怕自己输，从而被人看不起，那么你输的概率就非常大。这就是"你觉得会出错的事情就一定会出错"的最好体现。

别给自己压力，我们要向自己暗示"你能行，看开点儿"，以此来克服潜意识给我们带来的思维偏差，缓解紧张的情绪，以及果断放弃对自己原本不该有的过高的期待，如此，我们才可能跳出"你觉得会出错的事就一定会出错"的怪圈，成为更好的自己。

从容一点儿，让情绪适可而止，降低期待，你的成功就在脚下。

04　侥幸才是人生最大的不幸

有些人被蜜蜂蜇过，知道不要招惹它们。但生活中有些人因为事情没有发生在自己身上，就庆幸自己是幸运的，以为自己不会遇到，直到自己真的被蜜蜂蜇了才知道不要去招惹它们。

你以为我在说蜜蜂，其实我是在说人们的侥幸心理。

几乎我们每个人都吃过侥幸心理的亏，想着天气那么好，应该不会下雨，结果被淋成了落汤鸡；想着最后一秒闯红灯应该不会被抓到，结果被狠狠地罚了款；以为晚起几分钟不会耽误任何事情，结果不仅迟到，还严重影响到工作……俗话说："常在河边走，哪有不湿鞋。"侥幸心理是人类的正常心理，但你要是一直抱有侥幸心理，那么生活就会给你重重一击。

温水煮青蛙的实验就是一个很好的证明。青蛙总以为只要在水沸腾之前，自己跳出去就可以逃命，于是它抱着侥幸心理一直等待着，水越来越热。可长久的等待让它的肌肉和神经都麻痹了，此时，想要逃出去基本不可能。

心理学研究表明，侥幸心理反映在人们的各种思维活动中，并且通常存在于人的潜意识里。它不足以支配人的行为活动，可如果一个人的自控力不强,这种潜意识就会奔涌而出,控制人的行为。

而且,它通常会控制人作出一些错误的、冲动的决定,让事情变得更加糟糕。也就是说,如果我们把侥幸心理作为自己的处事原则,最终只会给自己带来痛苦和灾难。越侥幸,越不幸。

那么,人为什么总会抱有侥幸心理呢?我们已经说过,侥幸心理是一直存在于人类潜意识中的正常心理,但它是一种不健康的心理。它是指人妄图通过偶然的因素去取得成功或避免灾害,从而对自己的行为感到盲目自信的一种放纵的、投机取巧的心理。

比如,很多人在抽烟时会想:"反正引发癌症的概率这么小,肯定不会是我。"于是开始放纵自己,最终成为"极低概率中的一分子",后悔莫及。换句话说,出现侥幸心理在很大程度上是因为我们每个人都习惯站在自我的角度去看待这个世界。对我好的,就接受;对我不好的,就抗拒,慢慢地,侥幸心理就形成了。

我们应该如何克服侥幸心理呢?分享一个心存侥幸心理的人的故事:

> 有一位商人生意做得非常好,货物在早上就全部卖出去了,于是他将兜里塞满了钱,满心欢喜地准备和仆人骑马回家。
>
> 走着走着,仆人发现马的后掌蹄铁上掉了一个钉子。仆人觉得这是一件非常大的事情,于是焦急地告诉商人,而商人却根本不在意,看都不看一眼便说:"我

们还有七个小时就到家了,这马蹄铁不可能掉下来。回家后再修吧!"

于是两人就这么继续赶路。等还剩四个小时路程的时候,仆人发现马的左后掌蹄铁也掉了,他着急地建议商人停下来去钉个马蹄铁再回家。

商人还是不在意:"马上就到家了,问题不大。回到家再修!"说完,商人更加着急地赶路。可还没走半个小时,马就开始跛起来,直到腿断了,走不动了,商人这才意识到事情的严重性。

而此刻,商人却仍没有认识到自己的错误:"真是倒霉极了,都怪那该死的钉子。"

你看,马掉了蹄铁原本是一件非常大的事情,但商人的侥幸心理却蒙蔽了他的双眼,不仅不顾仆人的建议,固执地坚持自己的想法,直到最后还意识不到自己的问题。

可见,抱有侥幸心理的人,往往是非常固执的一类人。他们把成功归咎于自己的能力,把失败归咎于别人的问题,同时做任何事情,都以侥幸心理来对待,最终一事无成。

比如,在重要考试中为了取得好成绩而作弊,以为自己不会被发现,最终不仅丢了学位,还有可能被开除;人行横道前为了少等几秒钟而横穿马路,以为自己不会被车撞到,可结果是受伤住院,甚至是失去生命;为了某些欲望铤而走险触犯法律,以为自己不会被警察抓到,却终究逃不过法网,只能在监狱里度过余生……

诸多"翻车"的故事告诉我们：如果一件事，你侥幸成功了，那么你将会在未来的某一次中出大事。要明白，侥幸成功只是一时的，人的成功从来都不是因为侥幸，而是因为努力。所以，我们一定要明确自己应该做的事情，并且用实力把事情做好，这样才能把侥幸心理扼杀在萌芽中。

同时，要克服自己的侥幸心理，还不能过度也相信自己的经验。分享另一个故事，体会一下其中的含义：

> 2000年1月30日，山西一家复合肥公司的车间内，维修工李工等人在值班。当李工给高空设备的减速机加完油后，要去给另一台设备加油，但是需要爬上爬下，他觉得十分麻烦。
>
> 他思来想去，觉得自己有多年的工作经验，对于横跨平台这个小动作，是完全没问题的，再加上平台只有80厘米高，于是告诉自己不用这么谨慎，于是他想当然地横跨平台。
>
> 这时，意外发生了。李工在横跨平台的时候，没有注意到头顶的横梁，戴着安全帽便一头撞了上去，顿时重心不稳，从高处跌落到皮带传送机上。好在一旁的同事眼疾手快，拉停了开关，才避免了一起重大安全事故的发生。

你看，一些经验非常丰富的"老人"身上也存在侥幸心理。他们总以为自己有着足够的经验，于是产生了侥幸心理，最终很可能忽略了以往自己一直挂在心上的注意点，从而犯下大错。

可见，哪怕是再小的一件事，我们也不能因为自己经验丰富，从而抱有侥幸心理。不应该高估自己的能力，而是要时刻保持警惕，把侥幸心理扼杀在摇篮里，那么我们的生活也就不会像坐过山车一样，在希望和痛苦中度过了。

根据观察，侥幸心理十足的人，往往有着乐观的偏差，这会让他们在遇到事情的时候变得盲目乐观，从而像打了一针强劲的"兴奋剂"，陷入自我麻痹和自我安慰中。等一次又一次地把侥幸心理"养"大，总有一天，最终的结果是他们承受不起的。

因此，我们遇到事情的时候，不要盲目乐观，认清自己的能力，先想好最坏的结果，做好最坏的打算。

在生活中丢掉侥幸心理吧，只有这样未来才会越来越好。

05　苛求小事，就会耽误大事

世上没有什么东西是完美无瑕的，若是一直盯着它的瑕疵看，不仅耽误时间，还耽误它被雕琢成另一番美丽的模样。其实，做人也一样，如果我们一直都在小事上纠结，那么只会让其他重要的事无法进行下去，严重时，还会害人害己。

俗语说："睁一只眼，闭一只眼。"其传达出的意思更多的是：要想成功，就要学会不过多地盯着生活的琐事，而是把心思放到真正要做的事上。

朱元璋的故事，就给了我们警醒：

朱元璋作为明朝的开国皇帝，作出了非常多的、杰出的历史贡献。可他却还是让老百姓苦不堪言。这是为何？

因为朱元璋生性残暴，疑心病很重，为了不让任何人威胁到他的皇位，他采取了一系列措施，将文武百官的权力都掌控在自己的手里。这导致国家的事情，事无巨细，他都要亲自过问，甚至连哪里挖了条水沟，他都要知道。

这样的行为，使他每天的工作量非常大，于是他便骂自己的臣子是"废物"，没有人来替自己分担。文武百官听后，自然吓破了胆，只能一个劲儿地跪在大殿上求饶："臣无能，臣罪该万死。"

实际上，真的有人提出某些措施的时候，朱元璋根本不会听取意见。久而久之，官员们转变了思想，开始结党营私为自己谋福利，只剩下极少数人在认真做实事。

最后，朱元璋的结果如何呢？积劳成疾，为自己的事必躬亲付出了惨重的代价。

你看，一个人一天能做的事情是有限的，无论你是谁，有着什么样的地位和能力，你都无法做到每天处理上万件事。而朱元璋作为一个国家的皇帝，也是如此。他每天面对的是成百上千件事情，他的行动关乎国家的未来和老百姓的幸福。正所谓"在其位，谋其政"，如果他能够把权力分派给文武百官，把指挥的思想体会透彻，也许他会在历史上做出更大的成就。

很可惜，他并不明白过分在意小事，就会没有精力处理大事的道理。

生活中有太多不明白这个道理的人，他们总是会在意某些小事有没有做好，或者某件事不应该如此发展，最终把自己的精力耗尽，一事无成。

如果你是这样的人，那么如何才能把自己从这样的循环中拉出来呢？曾国藩就是一个很好的引路人。

○ 曾国藩晚年的时候，李鸿章的势力不断壮大，淮军将要取代湘军成为晚清主要的军事力量。照理说，这样的局面对于曾国藩来说是十分不利的，但他并不在意这么多，反而给李鸿章提了很多宝贵的建议，如军队建议、武器装备建议等。

后来，左宗棠要离开他去单独发展，他也不纠结为何左宗棠要离开自己，而是在背后默默地支持左宗棠，最终左宗棠成为晚清非常有名的重臣。

你看，很多人对于别人做出不同于自己想法的决定的时候，非常容易陷入"他为什么要这么做？他为什么要这么对我？他怎么这么没良心？"等思维的陷阱，从而导致自己郁郁寡欢，甚至做出很多自己都难以置信的举动。

而曾国藩的做法却非常大度。他不纠结于自己的得失，不期待回报，不和别人过多地计较，从而让自己拥有了很大的格局。

可见，要想做一个"不纠结于小事，成大事"的人，前提便是锻炼自己的心胸，哪怕对待和自己"三观"不一致的人，也不要过多地和对方计较，做好当下最重要的事情。

这使我想起了一个故事：

公司领导交给小张一份新工作，要他在短时间内完成一条广告宣传视频。对此，小张自然是想把最好的作品呈现给领导，以展示自己的实力。

为了更好地完成这个项目，首先，小张在网上找了大量相关的广告素材，在这些素材中寻找灵感。其次，他又去找了各大知名品牌宣传片的分解视频，以学习拍摄技巧。最后，他做了十几份文案策划，有各种各样的创意。

结果，以上三个过程就花费了小张两天半的时间。当第三天他苦思冥想于怎样制作片头的时候，领导来问他进度如何，是否可以发布视频了，小张才发现留给制作视频的时间竟然严重不足，自然是无法完成作品。

这件事以后，小张便给领导留下了一个能力不足、办事不力的坏印象。可想而知，后续小张做得再好，也难以改变领导对他的印象了。

你看，要想做好一件事，苛求细节本身没有错，但是凡事都有一个度，过了这个度，所有苛求的细节就会变成你的绊脚石，往往会让事情变得糟糕。

可见，无论是生活中，还是在工作中，我们一定都不能过分着眼于小事，而是要尽可能地去减少或避免花费在小事上面的时间和精力，如此，才能不耽误真正的大事。

"大行不顾细谨，大礼不辞小让。"对于小事，我们应该当断则断，顾全大局。比如，工作上的某一个环节出了问题，我们非要死磕这个问题，解决后才进行下一步，于是不仅自己的工作没做完，还耽误了项目的整体进度。

比如，你急着去见一个人，却在路上被别人撞了一下，你非要这个人给自己赔礼道歉，于是两个人争吵了起来，不仅自己惹了一肚子气，还耽误了约会这件正事。

要想成功，心态和格局最为重要。

"君子求诸己，小人求诸人"讲的就是小人才会在小事上斤斤计较。其实，无论是做人还是做事，过分深究细枝末节不是一件好事，因为人的一生实在太短暂，待我们从小事里走出来的时候，大把的时光已经流逝了。

因而，我们与其感慨自己人生中的大事没做几件，还不如少纠结那些本可以忽视的小事；与其整天为了一些不必要的小事伤脑筋，过着毫无意义的一天，不如学会放过自己，不要深挖与正事无关的细节。

就如同一场考试。一个考生把所有的精力都花在了一道最难的题上，而没先去做简单的题，结果难题没解好，简单的题又没时间做；而另一个考生则先把简单的题做完，最后做最难的那道题，拿到了还算令他满意的分数。

因此，我们不妨学着做一个"睁一只眼，闭一只眼"的人，小事上糊涂不纠结，大事上清醒通透。以这样的心态成为一个驾驭生活的智者，才能活得漂漂亮亮。

06　越是着急，越会出错

有这样一句话："饭要一口一口地吃，不然会被噎到；路要一步一步地走，不然会摔倒。"其实，这句话同样可以用在做人做事上。如果我们一味地追求速度，那么我们可能会不断地出错，或者更严重一点儿，直接把事情搞砸。

齐景公就是一个非常典型的例子：

> 春秋末期，齐景公非常依赖晏婴，朝中大小事务都要向晏婴请教。有一次齐景公去渤海湾游玩，一名将士报告说晏婴得了重病要死了，齐景公大惊失色，立刻挑选了最好的马车急急忙忙赶回宫。
>
> 路上，齐景公不断地催促马夫："快点儿，不然相国就有危险了！"可马车始终没有达到齐景公想要的速度，他气极了，索性把马夫推到一边，自己拿起鞭子赶车，可是马车还是没有达到他想要的速度。心急

如焚的齐景公干脆跳下马车，奔跑起来。他跑得上气不接下气，结果可想而知，仍没有及时赶回去。

你看，是人跑得快还是马车跑得快？答案自然不言而喻。可齐景公因为着急而失去了理智，导致做出如此荒唐的行为，这也印证了"越是着急，越会出错"的结论。

为什么越是着急，越会出错呢？从齐景公的这则故事中我们会发现，太过着急，会让我们失去理性判断，做出错误的决定。

生活中有很多这样的情况：

因为着急出门，结果钥匙没带，之后不得不花钱去请开锁师傅；因为着急做完工作，结果看错了文件，之后不得不重新核对；因为着急拿错了行李箱，最后不得不花更多的时间去联系别人换回来……

有太多因为着急而越做越错的事例，可见，在关键时刻，着急解决不了任何问题，反而会让事与愿违。

那么我们如何才能在关键时刻不"掉链子"呢？

分享一个故事：

顺治年间，有一个读书人要从家乡小镇赶往一个县城，其间要带上一个重重的大书箱。他吩咐书童把书箱固定好，书童用夹板把书箱捆好并背在背上，跟随书生出发了。

他们出门的时候正值中午时分，由于路程遥远，待他们走到一半时，太阳就快要落山了。这个时候书生开始着急了,急忙向路人问道:"我们现在还能在关城门之前赶到县城吗?"

路人看了看他着急的模样,又看了看书童背上摇摇欲坠的大书箱,叹气道:"你们慢慢走的话,大概是能够在关城之前赶到县城的。但是切记急不得,一旦着急了今天就无论如何也赶不到县城了。"

火急火燎的书生听了路人这番话后火冒三丈,觉得这个路人在戏耍他,于是赶忙催促书童快步前行。奈何书童背上的书箱十分沉重,再快也快不到哪里去。

不过多时,书生已经把书童甩在了身后。待书生一人赶到城门前时,他大声催促书童:"快点儿,再快点儿,城门马上就要关了。"听到主人叫自己,书童脚下加速,结果是左脚踩右脚,摔了一跤,捆书箱的绳子也断掉了,书散落一地,待书生回头与书童一同收拾之后,城门已经关闭了。

你看,但凡书生能在途中等一等书童,让他休息一下,书童也不至于慌乱之中摔跤,导致两个人都进不去城门。可见,当你有一件着急的事情要办的时候,先告诉自己冷静下来,保持足够的耐心,一步一个脚印地把当下的每一件事情做好,才能完美地达到目的。

因此,当我们看到别人比自己做得快或比自己用的时间少,取得的成果反倒比自己好的时候,不妨问问自己,是不是无视了前期的准备工作,才让自己的工作效率如此低下。

做任何事情时，慌张都是没用的，但作为拥有七情六欲的人类，慌张是不可避免的。因此，我们需要做的一件事情就是，有效解决问题，冷处理自己的情绪。

笔者曾经看过美国社会心理学家费斯汀格在其书中写道这样一个故事：

> 某天早上，一位丈夫着急上班，随手将自己的钥匙扔到餐桌上，连饭都没吃便急匆匆地跑出了家门。可当他到了公司的时候，才发现自己的工作文件放在了公文包里，而公文包落在了家里。
>
> 于是，他赶紧回家去拿公文包，可到了家门口才发现钥匙也落在了家里。他又跑去妻子的公司拿钥匙，岂料半途中撞到了路边的小摊，他只能花钱对摊主作出赔偿。
>
> 等到他终于拿到自己的公文包并赶回公司时，会议已经开了很长时间，他也因此被扣了当月的全勤奖金。

实际上，这位丈夫忘带公文包、忘带钥匙、撞翻小摊等事情都是可以避免的，可他却因为着急，让这些原本可避免的糟糕的事情发生了，导致失去了当月的全勤奖金。可见，如果我们遇到问题只是干着急，而不去解决，那么问题就会越来越多。

相反，如果我们冷静下来思考解决方案和补救措施，有效地解决了问题，麻烦事自然就不会找到你了。

就好比宋代的苏洵所说的："为将之道，当先治心。泰山崩于前而色不变,麋鹿兴于左而目不瞬,然后可以制利害,可以待敌。"意思是,要想胜利,必须保持头脑的冷静。生活上也是如此,遇事冷处理,才能保持镇定自若。

俗语说:"心急吃不了热豆腐。"这句话十分经典,是"好事多磨"的另一种诠释。世上所有事情都不是一下子就可以一步到位的,也不是只要我们心急就可以马上做完的。

打个比方,你在等一个人给你开门,可人家在路上要走一段时间。你再心急,人家也不可能穿越时空立刻把门打开。

因此,如果我们想成功,就要摒弃那些令我们着急的东西,要保持足够的耐心,学会等待,学会慢下来。如果你无法控制自己的情绪,就要学会冷处理,冷静下来思考解决方案和补救措施,有效地解决问题,应对一切变故。

总之,要想不出错或少出错,就先将急切从我们的思维里赶出去。不要让急切占据了你的整个思维,否则,就会越做越错。

07　过度依赖经验有时也可能犯错误

经验是长期从事某项工作所积累的知识、解决实际问题的能力,或是日常生活中总结的一些有用的方法和技巧。生活中,我们经常依赖它,可经验并不能在每件事上都帮助我们;相反,过度依赖经验,很可能会让我们犯大错。

为什么?美国心理学家塞利格曼曾经做过这样一个实验:

塞利格曼把一只狗关在笼子里，只要蜂音器一响，就给狗施加令它难以忍受的电击，这使被关在笼子里的狗四处狂奔，迫不及待地想要逃离笼子。但多次重复实验之后，即使塞利格曼在电击之前把笼门打开，狗也不会跑出去了，只是趴在地上叫。后来，塞利格曼发现，只要蜂音器一响，狗就会立刻趴在地上，痛苦地哀号。

这就是著名的"习得性无助"实验，它讲的就是本来可以采取行动避免不好的结果发生，却选择相信痛苦一定会到来，从而放弃任何反抗。

仔细分析该实验的过程，我们会发现：在前几次实验中，狗已经得出了"只要蜂音器一响，除了忍受痛苦，没有别的办法，所以忍过去就好了"的经验，以至于哪怕后来有了逃生通道，它也不逃出去。

可见，遇到事情别总是依赖经验来处理，过度地依赖经验，有时并不会给我们带来便利；相反，会带领我们走向错误。

就像法国生物学家贝尔纳的那句话："妨碍人们创造的最大障碍并不是未知的东西，而是已知的东西。"而经验就是那个已知的东西，当它们先入为主地占据我们思想时，我们的行为就会被它们主导。

此刻，你觉得这是一种正确处理问题的方式，可实际上，它可能会让我们和想要达到的目的背道而驰。因此，要明白经验是为了让我们警醒不要再次犯错，而不是让我们在任何时候，都以经验为行为基准,导致过度依赖经验,做出错误的判断。

过度依赖经验,有时会非常危险,分享一个故事,你就会对此深有体会:

> 公司职员小张每天都往返于上班和回家的路上,两点一线。
>
> 几年来,小张对上下班路线和出行方式可谓是了如指掌。比如,哪条路线不堵车,哪条路线用时最短,哪里红绿灯多,哪条路单行道。
>
> 这天小张公司有一个紧急会议,要提前15分钟赶到公司。幸运的是,小张下楼就遇到了出租车。而且经过一番交谈,他发现这个师傅还是个老司机,经验丰富,有着20年的驾龄。
>
> 然而路途中两人却产生了分歧,小张提议按自己给出的路线走,而司机师傅却坚持说那条路线中有单行道,不能走。司机师傅最终拗不过小张,听从了小张的建议。等到了那个路段,发现正在施工,变成了单行道。于是,他们只得绕路进一个小区调头,重返司机师傅最初推荐的路线,这中间足足耽误了20分钟。
>
> 最后,待小张赶到公司的时候,会议已经进入尾声。就这样,小张错过了领导的重要发言,也错过了被重用的机会。

小张自认为对上下班的路线和出行方式十分了解，于是不听司机师傅的劝阻而坚持自己的想法，哪怕司机师傅才是最了解实时路况的人。最后，过度依赖自己生活经验的小张只能承担起迟到的严重后果。

可见，过往的经验固然有用，但是不加以变通，完全参考经验，它就有可能成为你意想不到的陷阱。

就像我曾经看到过的一道非常经典的测试题一样：

有人对 100 个人做了这样一个测试题，让大家来猜测主人公是男还是女。题目如下：

一位公安局局长在路边跟一个大姐聊天，这时跑过来一个小孩，急匆匆地对公安局局长说："你爸爸和我爸爸吵起来了！"

大姐问："这孩子是你什么人？"

公安局局长说："是我儿子。"

最后，这 100 个人中，有 2 个小孩回答公安局局长是女士，而剩下的 98 人都回答是男士。公布答案时，仅有这 2 个小孩回答对了。

一个如此简单明了的问题，为什么大多数成年人的回答都是不正确的，而孩子却很快就答对了呢？因为大人往往会按照成年人的固有经验来思考这个问题。在他们眼中，大部分公安局局长都是男士，而孩子没有成人那么多经验，自然回答的和成人不一样。

可见，过去的经验是在那时的场景下产生的，而当条件变化了之后，这种经验就无法适用于目前的场景了。我们不应该把过去的经验当成当前解决问题的唯一办法，而是让固有的经验跟随着时代的潮流推陈出新，偶尔换一种思维，问题就迎刃而解了。

日本作家日比野省三在《思维定式的"病"》一书里提道："在瞬息万变的今天，变化成了家常便饭，没有先例可以依循。"

因此，在瞬息万变的今天，一件很简单的事情，会因为我们过度依赖经验而变得复杂起来。这样的做法不仅会限制我们的思维空间，还会制约我们的主观能动性、创造性，阻碍我们向前发展的道路。如果我们一味地依赖经验，最终就会承担很大的损失。这一点，恰恰是经验主义者所看不透的地方。

但这是不是意味着我们一点儿经验都不要，只顾当下呢？错。经验是有着积极指导意义的。正所谓"前人栽树，后人乘凉"，前人在当时的环境中得出的经验有很多值得我们借鉴的地方，我们需要做的是"取其精华，去其糟粕"，把前人的经验总结成适合自己的东西，再重新运用到当下的生活中，才能真正把经验的效果最大化，才能事半功倍。

这才是当下经验主义者最应该发展的方向，记住，总结经验指的是，结合自身情况去运用，而不是全部照搬，甚至让经验成为唯一的解决办法。否则，最后吃亏的还是我们自己。

总之，我们若想避免过度依赖经验，就要在遇到事情的时候，用最简单的方式思考问题，可以用经验判断是否适用，但不能完全依照经验来。客观地看待经验,别依赖,别抛弃,用理智结合经验,使我们避免犯错。

08　别总用"我以为"去自信地犯错

生活中,"我以为"这个词常常可以听到。比如,有些父母自以为某个办法好,就非要孩子强行接受;有些人自以为爱人需要浪漫,便过度制造浪漫;有些人自以为和朋友关系好,就可以不用打招呼直接去朋友家……

通过观察我们会发现,这些自以为是的结果往往都不太好。自以为是的父母,本想培养出听话的孩子,结果逼得孩子更加叛逆;自以为是的情侣,本想增进感情,结果让对方感到窒息,最终分手;自以为是的朋友,最后因为"三观"不合大吵一架,老死不相往来。

你看,当你用"我以为"的方式去做的事情,其实大部分都是错的,并且后果都是严重的。因为"我以为"是一种把自己的思想强加给别人的、单方向的行为,这就好比"己所不欲,勿施于人",当别人并不觉得"我以为"是自己想要的时候,这种行为就是徒增负担。

但往往这个世界上有很多人都不在意"自以为是"犯的错,最终,一次错,次次错,不仅给自己的生活造成了很大的困扰,而且在他们遇到困难的时候，也不会有人再帮他们。

下面这个故事就是一个很好的例子：

在美国阿拉斯加州有一对年轻的夫妻，他们刚有了一个可爱的孩子，但是妻子由于难产最后没活下来。所幸孩子在男人的照顾下，一天天地长大了。男人白天上班赚钱，晚上照看孩子。

男人是一名护林员，平时他去上班时，他养的猎犬就和儿子在森林的木屋里。这天他回到家中，发现地上全是血迹，而且有孩子的尸体。最关键的是，自己的猎犬也不见了。

男人第一时间想到的就是猎犬把自己的孩子咬死了。愤怒之下，他搜遍了整个房间，终于在孩子房间的床底下发现了畏缩在床下的猎犬，而且嘴巴上还带有血迹。此时，男人更加认定杀害自己孩子的凶手就是猎犬，于是他抄起斧头就把猎犬砍翻在地。

不承想，门外来了不速之客——一匹野狼，绿油油的眼睛和满是血迹的嘴巴，直勾勾地盯着男人。这时候男人才反应过来——猎犬不是凶手。在一番搏斗之下，男人杀死了野狼。等到回房间收拾的时候，突然发现刚才那条猎犬所在的位置有一撮狼毛。他顿时醒悟，原来是猎犬为保护孩子与野狼进行了搏斗，可自己却杀了它。

男人的自以为是让他在失去孩子之后又失去了自己的忠犬，可谓是一无所有了。可见，眼见不一定为实，你以为的真相不一定是真相。任何事情，不要总是用"我以为"去自信地犯错，而是要根据真正的事实来说话。

再分享一个故事：

有一个设计师非常勤奋和努力，他总想把每件事都做到最好，以此来获得部门经理的赏识。

有一次客户让他设计一个Logo，可因为忙，没来得及说自己的要求。这个设计师拿到这个项目的时候，原本也是一头雾水，不知道如何下手，但不善言辞的他选择了不问客户，按照自己的想法来设计。

于是，毫无头绪的他花了一个下午的时间将每种方案都写了一遍，最后他终于找到了一个自己觉得非常满意的方案来实施。

等他把作品交给客户的时候，却给了他非常大的打击，因为客户对他的作品一点儿都不满意，一直在说："我要的不是这样的！这么简单的Logo你都设计不出来，还当什么设计师？"

设计师听后百口莫辩，觉得自己在众多方案中找到了最适合客户的一个，花了那么多的时间，一句"辛苦了"都听不到，瞬间委屈地哭了出来。

你看，这个设计师付出了很多心血，自认为给出了一个客户会非常喜欢和认可的方案，却还是被客户否决，终究做了无用之功。但造成这样的结果，到底该怪谁呢？很大程度上，是设计师的问题。如果他能够在和客户沟通的第一时间里，就先跟客户确认其喜好、方案等设计方向，第一时间朝着客户想要的方向去努力，而不是"我以为客户喜欢什么"，或许他能够圆满地完成这项任务。

可见，我们一味地只相信"我以为"，而不听他人的喜好和建议，是一件非常愚蠢的事情，关键时刻可能会给我们致命一击。有时放下心中的那份骄傲，谦虚地听取旁人的意见，也是减少犯错的一种方法。

生活中，经常有这样的情况出现，比如，看完一部剧的海报和演员表后，就判断这部剧不好看；听完一段话，就以为了解了事情的全部内容，便开始按照自己的方式去评论。

可事实上，那些你看到的分析，大部分是营销号想让你看到的，而你听到的那一段话，仅仅只是内容里很小的一部分，根本不足以表达中心观点。

因此，我们所谓的"眼见为实"，并不都是实。我们还需要有确凿的证据，多思考事情的来龙去脉，这样才不会纵容"我以为"去自信地犯错。

庄子有一句话是这样说的："人能虚己以游世，其孰能害之！"意思就是，一个人如果一切以自我为中心，过于狂妄和自以为是，不去考虑外界的情况，那么最终只会引火自焚。

一个成功的人，往往会先摒弃自己的自以为是，不会多说少听，而是少说多听。他会先了解别人想要什么，了解事情的来龙去脉，明白怎样的方式能够让自己做出最正确的判断。

越是聪明的人，越会理性地看待自己。当别人称赞他时，他会说"这是运气"；当别人和他相处的时候，他会营造一种舒适的氛围。

你看，聪明的人从不自以为是，反而乐意夸赞别人。这使得他们不仅很少犯错，也让人们非常喜欢和他交往。因为在他的身上，很多人能够得到内心的满足。

就像你酷爱玫瑰，他就送你漂亮的玫瑰；你喜欢某个歌手，他就带你去听这个歌手的演唱会；你喜欢自由，他就带你去旅行。谁会不喜欢这个总是能满足自己的聪明人呢？

因此，要想少犯错，成为一个广受欢迎的人，让成功降临在自己身上的智者，就一定要丢掉"我以为"，成为"他们觉得"。如此，才能"得道者"多助，办好每一件事情。

09　付出越多，往往越得不到想要的回报

你发现没有？在生活里，往往越费尽心思做的事情越没有回应。比如，你在职场中，拼命干活，付出了自己的青春和时间，到头来升职加薪的也不是你；你花费了各种心思给爱人买礼物，结果对方不仅不开心，还和你大吵了一架；你把真心和热情给了所有人，但往往收到的都是他们的无视和无情。

为什么我们付出了却没有回报呢？分享一个梁惠王的故事：

为了治理好国家，梁惠王呕心沥血，不仅在碰到天灾时，把灾民们移到河东去，还立刻发放赈灾的粮食。在当时，没有一个君主可以做到这样。但他发现，当他辛苦折腾了很久之后，自己国家的人口也并没有增加。

这样的现实让他难以接受，后来他经过孟子提点才发现，自己所谓的付出其实在百姓看来，根本就不是他们想要的，所以无论自己付出了多少，都没有任何回报。

比如，他在天灾之后安顿好了百姓，但这只是在处理问题，就好比打了一巴掌再给一颗糖，这并不意味着自己就比别的国君更加爱护百姓。但是，如果他在天灾之前就顺应季节让百姓去砍柴，那么他们就不用担心柴火会不足；如果顺应农时帮助百姓种田，那么百姓就不会担心粮食会吃光；如果顺应繁殖季节帮助百姓多养牲畜，那么人人都可以吃上肉。

你看，明明百姓要的是收入提高、不愁吃穿，以及更好的生存条件，而梁惠王给百姓的，仅仅是灾后的安抚。

当一个人付出的东西是别人不需要的，别人又怎么会给他回应呢？可见，与其抱怨自己的付出得不到回报，不如先反省一下自己的付出方向是否正确。

比如，明明笔在手上，却握着笔到处找笔，但假如利用这个时间静下来想想，最后一次见到笔是在哪里，就不会浪费这么多时间；明明只是想汇报工作，可是一开口就完全不知道讲什么，但假如利用好私底下的时间，简单打个草稿，就完全可以做到心中有数。

笔者曾经读过这样一句话："社会残酷，在于你的付出和回报永远不会相匹配，甚至你的许多付出将收不到任何回报。"这是一句非常残酷的话，它推翻了我们从小所受的"一分耕耘，一分收获"的教育。可其实它也侧面敲醒了我们，生活里多的是付出没有回报的事情，因为太多人都只是"一味付出"。

比如，诸葛亮呕心沥血地辅助阿斗，最后阿斗还是烂泥扶不上墙，国破家亡；光绪皇帝想用改革来改变国家的现状，变法却仅实施了一百多天；你勤勤恳恳地卖命做项目，最后却敌不过他人的一句奉承之话。

可如果换一个方向，事情将会完全不一样。诸葛亮寻一个有才之士辅佐；光绪根据当下适合国家的政策变法；你从客户喜欢的方向入手。你会发现，所有的付出都会得到回报。

因此，当你觉得当下自己的付出没有回报的时候，看看自己的方向是不是用对了。方向不对，做什么都是白费。

穿衣服就是一个很好的例子。

当你的第一颗扣子扣错了，那么剩下的扣子也会跟着扣错，即使你勉强地把所有扣子都扣好了，到了最后一个时，你也是无用功，只能解开重新再扣。这样不仅浪费时间，而且更为重要的是没有回报。

对于这个道理，或许我再举一个职场中常见的事，你就更明白了：

著名音乐家谭盾初到美国学音乐的时候，只能靠在街头巷尾拉小提琴维生。那时，他认识了一个黑人乐手，于是两个人一起合作在一家银行门口卖艺。

在那段时间里，谭盾和黑人乐手的人气非常高，赚了不少钱。他觉得自己的生活是时候改变了，于是他选择了与黑人乐手告别，去专心学习音乐，去实现自己真正想要实现的人生目标。

十年以后，谭盾再一次路过了那家银行，发现黑人乐手还在那里表演。黑人乐手非常高兴地和谭盾打招呼，并问谭盾如今在哪个地方表演。

谭盾回答说："我在一个音乐厅拉琴。"黑人乐手没听懂，问他："音乐厅的门口好赚钱吗？"谭盾笑笑，他知道彼时两人已经是不同世界的人了。

你看，谭盾的目标是学习音乐，可贫穷导致他暂时无法实现自己的目标，因此他以先赚钱为方向，赚到了钱再继续学习，最终自己的努力获得了想要的回报。比起没有生活方向的黑人乐手来说，谭盾找对了努力的方向，最终他获得了成功。

可见，要想付出得到回报，我们一定要先确认努力的方向是否正确。一个没有方向的人，再如何努力，也会把路越走越窄，而找对了方向的人，终将获得回报。

有一句很流行的话："世界上最可怕的就是努力结不出硕果，付出得不到回报。"还有一句话是这样讲的："方向不对，努力白费。"

错误付出，虽然付出了，但这种付出是徒劳无功的，甚至徒增了烦恼。

就像你喜欢的那个人喜好红色，你偏偏送给她一件绿色的礼物；就像你的上司希望你掩住锋芒，你偏偏要崭露头角；就像你的父母想要你的陪伴，你却除了钱什么都不给他们。

这些胡乱付出得不到一句真心的感谢，也是非常正常的。试想一下，谁愿意接受自己不想要的东西，而且还要为此道谢？

因此，如果你的付出没有得到回报，请不要抱怨，而是要多想想，是不是付出的方向不对，不是别人想要的。换句话说，其实付出的机会都是平等的，当别人得到了回报，你没有，说明你的方向错了，需要做的是快速调整方向，朝着别人想要、适合别人的方向努力。

当你迷茫的时候，对人际关系感到沮丧的时候，对世界感觉痛苦的时候，不妨先反思一下自己，或许你的生活就会海阔天空。

第二章

墨菲定律的连锁反应

01 暗示效应：不要被"我不行"催眠

假如一个人每天都对自己说"你是个笨蛋，什么事情都做不好，你有什么用"，那么这个人的结局也就是：不断做愚蠢的事情，也真的什么都做不好。

这是一种心理上的催眠。

事实上，我们真的做不好一件事吗？其实，这只是"暗示效应"在作祟。

美国著名心理学家罗森塔尔做过一个实验：

他和另一位心理学家随便去了一所普通中学的任意一个班级，在班级的名单上随便圈出几个学生的名字，并且非常严肃地对这个班级的老师与学生讲：这几个孩子都是智商很高的孩子，非常聪明。

一段时间后，当罗森塔尔再次回到那所中学时，奇迹真的发生了！那几个被罗森塔尔选中的学生真的变成班上的佼佼者。但是实际上，罗森塔尔对那几个被他圈出的学生根本不了解。

通过这个实验，人们提出了"暗示效应"，它讲的是通过重复的暗示，人们就会产生与暗示相同的心理。也就是说，假如一个人每天都对自己说"你是个笨蛋，什么事情都做不好，你有什么用"，那么这个人的结局也就是：从心底认为自己是个笨蛋，也就只会不断地做愚蠢的事情，最后真的什么都做不好。

你看，暗示效应几乎等同于一种心理上的催眠，它通过重复的暗示使人相信这个暗示。简言之，它远比我们想象中要强大，特别是那些负面暗示。

分享一个故事：

> 一个电气工人在一个高压电气设备的工作台上作业。他很害怕自己会触电，于是便采取了各种各样的方法来防止这样的事情发生。
>
> 有一天，这个工人在工作台上不小心碰到了一根电线，突然就倒地而亡，当时表现出的症状是：身体不断地抽搐，皮肤也慢慢变成紫红色和紫蓝色，俨然一副被高压电击的样子。
>
> 可当验尸报告出来的时候，却惊呆了所有人。原来工人触碰到的电线并没有电流流过，彼时电闸也没有合上，可他却倒地而亡了，这都是因为他不断地暗示自己触碰到了可怕的高压电线，他就这样被自我暗示给杀死了。

你看，工人原本并没有被高压电线真正电到，但因为他总是在害怕和谨慎中暗示自己"碰了高压电线就会死"，于是当真的碰到高压电线时，身体就会主动地配合思想，完成了一系列"触电"的反应。这就是暗示效应的威力。

当然，生活中这样极端的例子是少数，可发生在我们身边的负面暗示却非常多。例如，为了一件事，我们努力了很久，但我们身边的朋友都劝我们"反正不行，干脆放弃"，于是，我们就开始犹豫是否真的要放弃。就在我们犹豫的时候，我们努力的那件事就真的离我们越来越远。而这正好成为那些人催着我们放弃的理由，最后，我们索性也就放弃了。

暗示效应的负面影响如此之大，那么我们应该如何正确利用心理暗示，引领我们成为更好的自己呢？那就是当我们遇到挫折的时候，要多去接受一些夸赞、表扬，不断地自我暗示，让"我很厉害，我能行"深入我们的内心，那么我们就又有了继续向前的动力和积极向上的心态。

分享一个美国击剑运动员的故事，你会感到非常震撼：

> 1983年，美国击剑运动员和古巴选手进行比赛。比赛前一天，美国击剑运动员觉得压力十分大，因为对手曾经两次击败过自己，对这场比赛自己毫无信心。
>
> 于是，心理学家为他播放了一段讲话，内容是"古巴选手非常害怕他"。
>
> 这名美国击剑运动员听了一晚上，越听越起劲，觉得自己的信心开始慢慢找回来了，害怕的情绪渐渐消失。第二天，在赛场上，美国击剑运动员战胜了古巴选手，顺利获得了冠军。

是什么让他赢得了比赛呢？其实，实力只是一部分，真正给他力量的，是他自己的内心，而这种力量的源泉便是心理学家对他的暗示"古巴选手非常害怕"。

生活中，有很多正面的自我暗示。比如，你很喜欢赖床，可如果第二天早上有很重要的事情，不能迟到，那么即使闹钟还没有响，你也可以立即起床。

再如，跑 800 米对你来说已经是个极限了，可考试内容就是要跑完 1000 米，因此，你不得不在最后那看起来不可能完成的 200 米，不断地鼓励自己"我可以"，于是，那不可完成的任务也就这样在不知不觉中完成了。

可见，正面的暗示效应能够给我们带来无穷的力量，提升我们的自信，激励我们勇往直前。我们要想获得持续不断的动力，自己对自己进行源源不断的鼓励是必需的，这样我们才能在一条看似走不通的路上，摸到我们想要的那面旗帜。

一位日本心理医生曾经说过这样一番话："你应该时时刻刻认真做自己的事情，不要以为现实中只有困难。只要以轻松的气势向前迈进，就会完成得很顺利。任何工作，都很难令人一目了然。然而，只要你用心面对现实，你以为很难的问题就会逐渐清晰，迎刃而解，自己的能力也会由此得到很大提升。总之，一切事情的难易，只有真正去做才能明确，而不是由一开始的预测来决定的。"

这番话解释了暗示效应对我们的重要性。一个人要想不断地成功，就需要学会对自己正面暗示，无论遇到了什么困难，都告诉自己"我能行"，如此，哪怕真的遇到了困难，也会不放弃任何一丝能够解决问题的希望，从而在百折不挠中真正地解决掉困难。

这就像吸引力法则中说的："具有金钱意识的人经常引来金钱，而具有贫穷意识的人总是引来贫穷。"因此，我们想要成功，就一定要拥有成功的意识。我们想要达到什么样的目的，就要首先培养自己"我能行"的意识,让身心一致,努力去对抗外部因素那些"不可能"。

让那些总是告诉你"你不行"的人和事,从你的生活中消失吧!做一个乐观且坚韧的行动者,让好的暗示效应助益你的一生。

02 破窗效应:千万不要捅破第一扇窗户

原本干净的地方某天突然堆了点儿垃圾,可没有人去清扫,那么时间一长,这里就会变成垃圾存放地;一面干净的墙,如果一个人去涂鸦没有被制止,那么很快就会有越来越多的人去涂涂画画。

生活中有太多这样被打破平衡后,就再也无法回到最初模样的事情,其实这是一种非常常见的现象,名为"破窗效应"。

美国心理学家菲利普·辛巴杜在1969年做了一项实验:

他找来两辆相同的汽车,将其中一辆停在帕洛阿尔托的中产阶级社区,将另一辆停在相对杂乱的纽约布朗克斯。

他将停在布朗克斯的那辆车的车牌摘掉、顶棚打开,而停在帕洛阿尔托的那辆则非常完整地放着。结果停在布朗克斯的那辆车当天就被偷走了,而停在帕洛阿尔托的那辆车一个星期后还好端端地停在那里。

接下来,辛巴杜用锤子把停在帕洛阿尔托的那辆车的玻璃敲了个大洞。结果仅仅过了几个小时,它就不见了。

通过这个实验，政治学家威尔逊和犯罪学家凯琳提出了破窗效应，他们认为，环境中的不良现象如果被放任存在，就会诱使人们效仿，甚至变本加厉。

接下来，笔者以一幢有少许破窗的建筑为例来谈一谈这个效应。

如果一扇窗户是完好无损的，那么不会有人想要去破坏它。但是如果它本身有一些破损，那么人们就会觉得"反正都已经碎了，破不破坏都一样"，于是便会进行更多的破坏，也就是所谓的"破罐子破摔"。

简言之，如果我们不修补好残缺的地方，那么人们就会抱着无所谓的心态对待这个残缺。久而久之，不会有人想去修补它，而这个缺口就会被扩大很多倍。

总之，破窗效应提醒我们，一旦我们打破了某些事物的平衡，那么事情就会变得越来越糟，从而向不可预料的方向发展，尽而不可控。其实，做人也是这个道理。

分享一个关于好学生和坏学生的故事，相信你会很受启发：

有一个班级来了一个留级生，他对学习非常不上心，只是来混日子，每天都不认真听课，并且总是迟到。

老师觉得他反正没有前途，管了也是白管，便从不过问他的学习。老师的反应让学生们察觉到似乎迟到不会被惩罚，于是，一个学生开始迟到、两个学生开始上课看小说、三个学生开始在课堂上打瞌睡……久而久之，原本风气很好的班集体，变成"混混儿的天堂"，学生们再也不以成绩好为荣，而是以过得自由为荣。

　　而这些学生的结局，可想而知，前途荒废。

这是一个很典型的破窗效应的故事，即一旦有一个人开了不好的先例，且没有受到惩罚，那么就会引来更多人的效仿和超越，最终让事情变得无法控制、无法弥补。

可见，我们人生中的很多失败都来自我们自己给了坏事一个开头。例如，你觉得这一次失败了没关系，那么下一次失败你还会劝说自己，反正还有下一次。结果便是，你早已在无数次的失败中找不到成功的方向。

因此，我们要想成功，就必须摆脱破窗效应带给我们的危害。那么应该怎么做呢？首先，要想修复一扇"破窗"，就要从源头解决问题。

我们再来看一个20世纪80年代发生在纽约的故事：

　　20世纪80年代，纽约是一个充满了抢劫和杀戮的城市，犯罪率极高。哪怕是白天，人们走在街上也是充满了恐惧。同样地，纽约的地铁治安也受到了影响，可谓是非常差，不仅车厢脏乱，四处还涂满了脏话。

　　这么看来，纽约像极了一个被完全打碎的窗子。起初只是有人随地吐痰、破坏草坪，但是没有治安管理，这是破窗的开始。而后就变本加厉地出现了偷窃、抢劫、杀戮等恶性案件。

　　为了应对当下的情况，降低犯罪率，纽约市交通警察局局长做了这么一件事情：从小的地方开始整顿。

当时他的做法不被大家理解，被批评成"缓不济急""船都要沉了还在洗甲板"。

可这些批评很快就消失得无影无踪，为什么呢？

原来，警察将逃票的人铐在月台上，站成一列，以这样的方式向民众宣示政府整顿的决心。而人们看到这些人的时候，就开始对这件事情产生了畏惧，逃票的人自然就少了。

后来，警察又开始抓捕非法持枪的人。于是，非法持枪的人也少了。

就这样，纽约市从最小、最容易的地方着手，打击了犯罪链，使这个恶性循环无法继续下去。而这个影响扩大到全城，慢慢地，整个城市的秩序就恢复了。

你看，一个原本非常差的城市，如同一扇完全被破坏了的窗户一样，要想解决这个城市的问题，就要像解决破窗一样，让人们无路可选。这位局长的做法便是从源头出发，控制秩序，慢慢地扩大影响，事情就会发生转机。

可见，要想消除破窗效应带来的危害，我们应该找到事情的源头，从这个源头去控制整个连锁反应，才能够真正地停止恶性循环。

当然，有时候找到源头并不是一件简单的事情，那么我们想要快速产生效果应该怎么做呢？就是跳出这个恶性循环来解决问题。

有一句话是这样说的："勿以善小而不为，勿以恶小而为之。"

把这句话用到破窗效应里,也就是从小事培养自己的习惯。

分享一个曾国藩的故事,你就会明白很多:

> 年轻时的曾国藩有各种各样的坏习惯,如脾气暴躁、做事情没有毅力、拖延症等,做事情怎么也成功不了。他想过改变自己的处境,但几经努力都以失败告终。这些小的坏习惯渐渐地打碎了他内心的那扇窗,时间久了,坏习惯叠加起来产生的影响使得他终日事事不顺。
>
> 后来他想到一个办法,坚持做一件事:早起。
>
> 为了早起,他在床边放一个铜盆,盆上用绳拴一个秤砣,再把香系在绳上。这样,等到香燃尽后,绳子就会断开,而秤砣就会砸到盆里发出巨大的声响叫醒自己。
>
> 每当这个时候,曾国藩就翻身起床,开始点灯读书。
>
> 时间久了,真的发生了变化。他首先改掉的是赖床和拖延的坏习惯,接着脾气暴躁、没有毅力这些问题也渐渐地消失了。
>
> 因为他长期坚持早起读书而变得满腹学问;时间都用来做有用的事情,他的烟瘾再也没有犯过;而屡次都考不中秀才的他,不仅中了秀才,从此人生像开了挂一样,从举人一路中到进士。

你看,在曾国藩的人生里,自己的"破窗"便是"脾气暴躁、做事情没有毅力、怎么也成功不了",而后来他用早起这件小事,修补自己人生的"破窗",而不是去改变自己的脾气或做事方式,这也是一个很有效的办法。

因为有时候我们找不到"破窗"的源头,就像曾国藩的"暴脾气"一样,他不知道从何处来,更找不到源头在哪里。此刻,只能换一种迂回的方式去修补"破窗"。

可见,如果当下的我们身处破窗效应中却无论如何都找不到源头,那么就换一种方式,以迂回的方式来修补我们的"破窗"。

有一句话是这样说的:"人的废掉,都是从对自己小小的纵容开始的。"比如,晚上睡觉前,你拿起手机对自己说,就玩几分钟,结果一玩就到了凌晨,有时甚至直接熬了一个通宵,结果第二天精神不振,耽误了工作进度。

再如,身体有一点儿不舒服,就放弃了锻炼,还告诉自己"不过就休息一天而已",结果之后再也没继续下去。

这些看似很小的纵容,一旦有了第一次,以后就会有无数次,到后来的破罐子破摔,就真的再也回不去了。这就是破窗效应恶性循环的开始。

打败你的往往不是那些重大的挫折,而是一些小事情。让一件原本很好的东西变坏的,可能是一次放纵、一次放弃、一次对自己降低了要求……

可见,一个人的成功,来源于他一开始就不给自己任何懈怠的机会,不给"坏事"留突破口。这样,自己就不会被任何东西左右,眼前只有自己想要实现的目标。

因此，我们要求自己、约束自己、管理自己，让自己把每件事情都做到完美，不要给任何"坏事情"机会，不要捅破第一扇窗户。这样，才能克服破窗效应，把成功牢牢地攥在手中。

03 权威效应：人微则言轻，人贵则言重

一个人要是地位高、有威信、受人敬重，那他所说的话及所做的事就容易引起别人重视，并且很容易让别人相信他所做的一切都是正确的。

也许你会说，能被称作权威的人，肯定是该领域的专家，自然能够让人信服。

其实，这种现象在心理学上，有一个非常有意思的名字，叫作"权威效应"。

曾有心理学家做过这样一个实验：

他们在给某大学心理学系的学生讲课时，特意给学生们介绍了一位从外校请来的助教老师，并郑重地告诉学生，这位助教老师是从德国请来的著名化学家。

于是，在之后的课堂实验中，这位"著名化学家"拿出一瓶装有蒸馏水的瓶子，对同学们说："这是我最近新发现的一种化学物质，有些特殊的气味。谁要来闻一下？"

话音刚落，大部分学生都感兴趣地举起了手。

随后,这个"著名化学家"又问:"谁闻到了这种特殊的气味,举手示意一下?"结果大部分学生都举起了手。

实验结束后,心理学家向学生宣布,这位神秘的"著名化学家"并不是化学家,而是学校德育教研室的一位老师,而这瓶所谓带有特殊气味、新发现的化学物质,也不过只是一瓶极其普通的蒸馏水而已。

再分享一个故事,来体会一下权威效应:

> 南朝的刘勰写了一本名为《文心雕龙》的书。刘勰很想让更多人看到这本书。可惜那时的他在社会上没有地位,也没人知道他,更别提有人重视他的书了。
>
> 于是,刘勰就想到请当时名气很大的大文学家沈约推荐自己的书。事实上他也这么做了。最开始,他装扮成卖书人,将作品送给沈约。沈约看过后对这本书评价极高,于是,他趁势让沈约推荐。
>
> 而大文学家沈约只是简简单单地在他的圈子里提了那么一句,这本《文心雕龙》的名气就传播出去了。慢慢地,社会上的人都知道了他的这本书,而他本人也一跃成为知名的大作家。

你看,原本没有任何人买自己书的刘勰仅仅是找大文学家沈约推荐自己的书,于是书便大卖了,也许你会问这本书到底是因为写得好而被推荐,还是仅仅因为沈约的名气?答案我们不得而知,但无论是什么原因,沈约的权威占了绝对主导的地位。

正是因为人们相信沈约的权威,才相信他所推荐的书是好的,才有了后来《文心雕龙》的广泛传播。可见,权威效应对人们的选择有非常大的影响。

生活中的权威效应无处不在,比如,人们在与其他人争论时,常常会引用著名人物的话和事例来增强说服力;在做广告时,广告商也会请来一些明星作为代言人,加大产品的可信度;在医院就诊时,大多数人宁愿花更多的时间、花更多的钱去排队挂专家号;在一些新书出版时,作者为了推销自己的作品,会用请一些名家作序、写书评等方式进行媒体推介……

我们每个人几乎都会受到权威效应的影响,但权威效应全部都是正面的影响吗?

航空界有一个现象叫作"机长综合征",就是在很多事故中,机长所犯的错误其实十分明显,但飞行员却没有针对这个错误采取任何行动,才最终导致无法挽回的事故。

美国著名空军将领乌扎尔·恩特就遇到过这么一件事情:

> 恩特的副驾驶员在飞机起飞前突然生病了,于是总部临时给恩特派了另一名副驾驶员做替补。
>
> 在这名替补人员的眼里,自己能和这位传奇式的将军同飞,是非常荣幸的事。
>
> 飞机起飞了,恩特哼着歌,下巴随着歌曲的节拍轻轻上仰。
>
> 这位替补副驾驶员以为恩特是示意自己把飞机升

起来。于是，虽然当时飞机还远远没有达到可以起飞的速度，但他还是把操纵杆推了上去。结果飞机的腹部撞到了地面，螺旋桨的一个叶片割入恩特的背部，导致他终身残疾。

事后有人问这位替补副驾驶员："既然你知道飞机还不能起飞，为什么要把操纵杆推起来呢？"他的回答是："我看到将军抬下巴示意，误以为将军要我这么做。"

你看，在这位替补副驾驶员的眼里，恩特是一个厉害的机长，所以无论他做什么事情，都是包含在工作内容中的。于是，这位替补副驾驶员就盲目地相信了机长抬下巴的动作，从而导致了事故的发生。

可见，太过相信权威的人，会失去自己的判断，从而导致错误的发生。因为没有人是圣人，不是每一句话、每一件事都能够做到百分之百正确。因此，不要盲目相信所有人的话，而应该在任何时候都要保持自己的思考与判断。

下面分享一个伽利略的故事：

伽利略对亚里士多德的一个经典理论一直保持着怀疑。

那时，亚里士多德认为：如果把两个物体从空中扔下，必定是重的物体先落地，轻的物体后落地。而伽利略认为不管是轻的物体还是重的物体，它们从高空落下时,都会同时落地。

可是在当时,亚里士多德的话被奉为金科玉律,而伽利略只是一个没有什么成就的小人物,自然没有人肯相信伽利略的话。

于是伽利略决心做一个实验,让人们亲眼看看结果。他带着一大一小、一重一轻的两个铁球来到比萨斜塔的最高处,双手同时把两个铁球举到同一水平线上并扔下。

人们亲眼看到了两个铁球几乎是同时着地的情景,于是亚里士多德的理论被推翻了。伽利略坚持了自己的猜想并付诸实践,设计了这个实验,推翻了权威。试想如果他一开始就对权威深信不疑,那么这个理论可能就不只是存在1800多年了,而是更久。

你看,亚里士多德的权威在人们心里已经根植了1000多年,可见他的权威性被所有人深信不疑。而伽利略在面对这样的权威时,却保持自己的思考,不盲目相信,并用实验证明了自己的正确性,从而推翻了权威,推进了物理学的发展。

可见,当我们遇到和事实不同的情况时,不要盲目地相信权威的正确性,而要敢于质疑,保持自己的思考,然后以自己的实际行动去验证自己的想法。如果验证之后发现是错的,那么就相信权威;如果发现是对的,就应该敢于发表自己的观点,不要因为害怕不被认同而不敢说。

不要被权威吓住,只有相信自己的判断,才能更好地掌握自己的思想和人生。

"人微则言轻,人贵则言重"就是权威效应很好的体现。一个普通人即使说了真话,也很难有人相信,但一个厉害的人即使说了假话,也有一大群人相信。

这群人有错吗?不过是他们深受权威效应之害,陷入盲目相信权威、失去自我罢了。

历史上还有很多"人微"未必"言轻"的例子,如孔融让梨、曹冲称象、甘罗拜相等故事。要想打破"人微则言轻"这种已经形成了数百年观念的束缚,那么就要让自己做到想说、敢说,保持自己的思想,理性地对待每一个权威。

当然,如果你发现权威是错的,那么就要对自己的言论保持谨慎。比如,我们在提出自己的意见时,一定要有说话的技巧,做到言之有物、言之有理、言之有据,不能泛泛而谈、空洞且没有中心,或是人云亦云、不负责任。要让权威相信你推翻了他的言论,才能真正地打破权威。

说负责任的话,说经过深思熟虑的话,才能让自己大胆提出来的见解被人们接受。如此,才能正确地利用权威效应,找回自己的判断力。

04　蝴蝶效应:四两拨千斤,赚得高收益

丢失一个钉子,坏了一只蹄铁;坏了一只蹄铁,折了一匹战马;折了一匹战马,伤了一位骑士;伤了一位骑士,输了一场战

斗；输了一场战斗，亡了一个帝国。

这首民谣从一个丢失了的小小的钉子开始，讲到了整个帝国的灭亡。

也许，这听起来似乎是一件不可能发生的事，但这恰恰是"蝴蝶效应"的真实写照。

气象学家洛伦兹提出来一种现象：

一只南美洲亚马孙河流域热带雨林中的蝴蝶，偶尔扇动几下翅膀，两周后就可能会在美国得克萨斯州引起一场龙卷风。

这听起来有些不可思议，其实，这正是蝴蝶效应的常规现象。为何一只蝴蝶能引起一场龙卷风？什么又是蝴蝶效应呢？

洛伦兹发现，当蝴蝶扇动翅膀时，它周边的空气会随之发生变化，然后引起微弱气流，而微弱气流又会引起它四周空气或其他系统相应的变化，这一系列的连锁反应最终造成龙卷风的产生。

蝴蝶效应简单来说就是，一件表面上看起来非常微小的事情，如果不断变化放大，就有可能发生一系列巨大的连锁反应。

因此，有些小事我们可以忽略，但有些小事一旦忽略，经过放大就会造成极大的损失。此时，我们就要避免蝴蝶效应带来的深远伤害。

分享一个故事：

○ 2003年，美国经济刚刚复苏，便又遇到了另一场灾难——疯牛病。这场极具破坏性的灾难来源于一头疯牛，也就是我们所说的蝴蝶效应中的"扇动翅膀的那只蝴蝶"。

在这场风暴中,首当其冲的是美国的牛肉产业链。要知道,美国的牛肉产业产值高达1700多亿美元,更不要说与之关联的140万个工作岗位了。在这条产业链中,负责饲料来源的玉米和大豆种植业也受到了不同程度的冲击,最明显的表现就是它们的期货价格呈现持续下降趋势。

但要说把这场"疯牛风暴"推至最大化的,还是美国消费者的态度。从第一个疯牛病案例出现开始,美国本土消费者对牛肉系列产品的信心就开始下降。直至远在大洋彼岸的其他国家的消费者也开始排斥美国的牛肉。这直接导致美国餐饮经济的大萧条,甚至影响到全球经济。

你看,一个小小的疯牛病,起初没有人在意,却像滚雪球一样,逐渐扩大,最后搅得全球民不聊生,这就是蝴蝶效应的厉害之处。当你不在意某些细节的时候,任何你忽略的细节都有可能成为自然界中那只引起龙卷风的蝴蝶。

可见,我们每一个人的小小举动都可能是一个影响大环境变化的细节。生活中这样的例子非常多:

公司老板对着下属发脾气,下属气得又对他的下属发脾气,不一会儿,整个公司的气氛都变得十分紧张。一个工厂在生产产品的时候,发现了一点点儿瑕疵,老板觉得没有大问题,就不去修正。于是,等机器报废时,他就得花很高的费用去承担产品的缺陷。

可见，蝴蝶效应有着四两拨千斤的强大力量，既然如此，我们是否可以正确利用蝴蝶效应来为我们赚得高收益呢？

分享一个故事：

深圳前海蝴蝶效应金融控股集团有限公司总裁潘显万曾经说过这么一句话："公司之所以名为'蝴蝶效应'，就是想四两拨千斤，通过蝴蝶的翅膀掀起一阵暴风雨。"而他后来也确确实实做到了。

早些年，国人在理财方面由于对市场不了解，导致其观念相当落后和不完善。思维敏锐的潘显万很快就意识到了这一点，他觉得这既是障碍，也是机会。

他一开始定下的战略是主攻互联网金融板块。因为这是一个以新一代年轻人为主力的板块，尤其是年轻一代中的"90后"，他们具有很强的接纳和适应新事物的能力，愿意借着互联网平台接触理财，改变观念。

这次扇动风暴的翅膀就是互联网金融，为此他们还专门开发了一款名为"蝴蝶银"的金融产品。一方面是他们比较熟悉这个产品；另一方面是这个产品比较安全，能让国人信任。

确定战略和产品之后就是如何进入市场。潘显万看重的是当时中国的票据市场，因为其规模已经达到了50万亿元人民币，极其庞大。选择这个市场的重要原因就是保守的国人对这个市场长期以来的信任。在成功进入这个市场之后,他后续推出的其他战略和产品也就能够顺利地实施下去了。

他创业的目的就是要把金融理财的相信观念带给国人。而互联网金融作为扇动风暴的翅膀,很明显,简直太合适不过了。这场风暴还没有停下,甚至波及了德国的资本市场,蝴蝶的翅膀掀起的暴风雨下到了国外。

你看,潘显万就是一个非常懂得利用蝴蝶效应来撬动杠杆从而赚取高收益的典范。他首先看到了"互联网金融"那只蝴蝶,于是为其制定了一系列战略和产品,来扇动这只蝴蝶的翅膀;其次选择一个可以产生蝴蝶效应的"天空";最后成功地用蝴蝶的翅膀在国内外掀起了"暴风雨"。

可见,要想用蝴蝶效应来四两拨千斤,赚取高额收益,一定要先弄明白它的初始环节和基础步骤,从而由小至大,日积月累,最终积少成多。

对于普通人来说,这种初始环节和基础步骤,便是把每一分钱都用得恰到好处,再日积月累,让无数小钱累积成大钱,最终赢得收益。

如果你是一个底层员工,或许你的蝴蝶便是这一路走来吸取的无数经验,通过这些累积,你的连锁反应会变得更加有力量。

因此,若想通过蝴蝶效应赚取高收益,就要先学会用好每一分钱,做好每一件小事,然后耐心等待其扩大的过程,你想要的,就皆会实现。

成功需要有一个稳健的基石，蝴蝶效应的初始环节和基础步骤便是这样的基石，我们只有在一开始就做好了，我们想要做成的大事才会慢慢实现。如此，才不会担心自己在某一天从高处跌下来。

《孝经》上说：高却不倾危，就能长期保持尊贵；满却不外溢，就能长期保持富足。富贵不离其身，然后才能保住他的国家，而且安定他的人民。

不知道你有没有思考过我们生活的世界是一个怎样的世界。其实，它既不是杂乱无章，也不是只有简单规律的世界，而是一个遵循着大量定律又有大量影响因素的世界。

因此，蝴蝶效应的存在不仅仅是引起一场龙卷风那么简单，而是当下事情的累积、变化、再累积的过程。我们要想实现四两拨千斤、赚取高收益，就一定要利用好蝴蝶效应的正面效应。这样，我们才可以真正在成功的路上加速奔跑。

05　青蛙效应：学会居安思危，让你的人生更精彩

生活中有很多人在自己的岗位上做得顺风顺水，就一直沉浸于当下的职业，沾沾自喜。殊不知，当辞职、裁员等众多问题摆在眼前的时候，却没有任何招架之力。

这听起来似乎十分恐怖，但生活有时就是这样爱开玩笑。

其实，如果你懂得青蛙效应，居安思危，你抵抗风险的能力

就会增加很多。

19世纪末，科学家对青蛙进行了一个实验：

实验者将一只青蛙扔进了一个装满沸水的大锅里，而这只青蛙一接触到沸水就立刻跳了出来。紧接着，实验者又把这只青蛙扔进一个装满凉水的大锅里，结果青蛙并没有急着跳出去。

于是，实验者就用小火慢慢地加热这锅水，青蛙依然没有跳出去。

最终的结果是什么呢？就是青蛙慢慢地适应了惬意的水温，等到温度升高到一定程度的时候，青蛙已经没有力气再跳出水面，最后，青蛙在舒适中被活生生地煮死了。

青蛙明明知道在沸水里会被烫死，为什么最终会是这样的结果？原因很值得我们深思。我们知道，沸水对于青蛙来说，相当于险境，于是它会使出全部的力量跳出来。而慢慢加热水，却没有非常明显的刺激，于是它便失去了警惕，也毫无危机的意识。等到危机彻底来临的时候，它便毫无反抗之力，于是死在了安乐里。

通过这个实验，科学家提出了青蛙效应，指的就是一个人如果没有忧患意识，只沉浸在当下的安逸和享乐之中，那么总有一天会被时代淘汰或处于危险中，其结局往往都不会太好。

后唐庄宗李存勖就是一个典型的例子：

○　　后唐时期，李存勖经历千辛万苦终于当上了皇帝，从这时开始他认为国家已经安定了，自己也可以不用再专心治理朝政了，便开始享受生活。

他想要完成自己看戏、演戏的梦，就常常在脸上涂上厚厚的脂粉，穿上戏服，假装在台上表演，并给自己取了一个艺名"李天下"。

昏庸的李存勖还让伶人做自己的耳目，去刺探群臣的一言一行，并且不提拔身经百战的将士当刺史，反而提升一点儿功绩都没有的伶人。

李存勖还纵容宦官去侮辱有功的臣子，导致忠臣被驱赶，读书人也断了考取功名的念头。

李存勖宠爱伶人是出了名的，后来所有伶人及他提拔的大臣都顺着他的意思做事。这些臣子的做法是，国家有什么忧患也不上奏，只是侍奉君主享乐。

然而他最宠爱的伶人郭从谦叛变了。趁着军队都调到城外候命之时，郭从谦带着叛军火烧兴教门，还趁火势杀入宫内，在混乱中射死了带领侍卫前来抵抗的李存勖。

你看，李存勖南征北战多年才艰难地建立了后唐，可他最终败在了安于享乐的日子里，这是多么令人痛心的一件事。这是源于他没有用长远发展的眼光和忧患意识来看待自己的生活。

可见，一个人要想坐稳成功的宝座，一定要在生活安逸时守住自己的忧患意识。否则，在成功的路上，我们稍微尝到了一点儿甜头就会像李存勖一样，迷失在享乐中，最终，当忧患来临时，我们就丧失了所有的抵抗力，跌入谷底。

那么如何才能真正把"居安思危"融进自己的思想里呢？

相比李存勖而言，唐太宗在位时期的政绩可谓是太优秀了。我们先来看一则小故事：

> 唐太宗把"居安思危"看得很重，常对亲近的大臣们说："治国就像治病一样，即使病好了，也应当休养护理，要是马上放纵自我，一旦旧病复发，就没有办法解救了。现在国家很幸运，百姓和平安宁，四方的少数民族都很服从，这真是自古以来都罕有的，但是我一天比一天小心，只怕这种情况不能维持久远，所以我很希望多听到你们的进谏争辩。"
>
> 于是，唐太宗在位时期，大臣们都忙得不亦乐乎。当然，也正是因为唐太宗的这种忧患意识，才有了如此的太平盛世。

你看，唐太宗在位的时候，天下太平，但是作为帝王，因为他深知忧患是无处不在的，所以才会不断地用各种办法来提升自己的抵御能力，等忧患真正来临的时候，才能做到坚不可摧。

可见，一个人如果只选择安逸的生活，那么在危机来临时就毫无招架之力。而真正能够让我们安心地过好每一天的秘诀就是未雨绸缪，哪怕当下还没有任何危机，哪怕眼前刚好有一些收获，都先别急于高兴，多想想下一步应该怎么办，给生活一点儿保障，只有这样，我们才可以在危机来临的时候，从容淡定地去应对。

同样的道理，对于企业来说也是如此。海尔集团的成长就是非常典型的例子：

海尔集团董事长张瑞敏曾经说过这么一句话："一个伟大的企业，对待成就永远都要战战兢兢，如履薄冰。"

海尔集团早在1998年年初营业额就近200亿元了。而在那时，张瑞敏就开始了他的思考和布局，他想：如何才能够让我的员工和管理层一样，感受到市场变革带来的压力和机遇呢？如果不能加强他们的警惕性和危机意识，那么企业离被淘汰就不远了。

那一年他用到最多的两个成语是"战战兢兢"和"如履薄冰"。

到了1998年年中，他开始正式推行自己的想法：让海尔的每一位员工都觉得自己是企业的"小老板"，海尔属于大家，让大家共同尽心尽力地经营它。对此，他称之为"内部模拟市场"。该计划一经推行就停不下来了，在5年时间里，他调整组织结构足足40多次。充分避免了企业做大之后出现各种慢性问题，如同他所说的，要用如履薄冰的态度去对待成就。到2003年年初，海尔的营业额就足足翻了4倍还多。但是当有人提及这些成就时，他的回答总是更倾向于如何规避慢性问题，避免温水煮青蛙的情况发生。

也正是因为张瑞敏时时刻刻都有着危机感，才确保海尔能够在如此激烈的市场竞争中存活下来并傲视群雄。

你看，一个成功的企业，它必定要有居安思危的意识。如此它才能在面临各种问题的时候，快速找到解决办法，从而让问题不至于击垮企业，让企业保持良好的、向上发展的姿态，成为最终的强者。

但生活中有很多反面例子。比如，一些企业的管理层总在生意好的时候沾沾自喜、心满意足，也不再去看账目报表，因为他觉得反正有财务，一定不会有问题。最终，企业败在了财务上。

比尔·盖茨曾经说过："微软离破产永远只有18个月。"可见，不管企业发展得有多快，甚至现状已经足够令人满意了，也还是要拥有忧患意识，把握全局，修正漏洞，纠正风气，才能有长久的未来。同理，人也是一样。

《孟子》中有"生于忧患而死于安乐"，这句话对于身处当今时代的我们真的太重要了。

在信息化快速发展的今天，不管是个人还是企业，都面临着各种各样的动荡，几乎没有安稳可言。个人会面临突然的辞退、下岗、灾难等，而企业会面临突然的资金链断裂、破产等问题。

也许我们当下的生活很舒适，收入不错，工作不累，也有人会觉得犯不着给自己找不痛快，逼着自己去吃苦，以至于打着"人生苦短，及时行乐"的口号每天沉迷于娱乐，寻求短暂的快乐。

但是一个对未来有所准备的人或企业，才不至于在灾难来临时手忙脚乱，不堪一击。否则，一旦我们安于现状，失去了奋斗的勇气和动力，那么当意外或困境到来，迫使我们作出应对时，也许我们早已失去了改变和提升自己的能力，最终只能被时代抛下。

就像欧阳修说的:"忧劳可以兴国,逸豫可以亡身。"从现在开始,我们不要只顾享受稳定,应该居安思危,时刻保持危机意识,每一天培养自己面对不确定性的勇气和能力,让自己有能力在不确定的未来里拥有确定的底气,活出精彩的人生。

06　路西法效应:世上没有绝对的好坏之分

任何人遇上车祸都是一件十分不幸的事情,但正是车祸让人们不断地改进交通工具,从而有了现在各种各样的车辆;任何人患病都是一件十分难过的事情,但正是因为有了疾病,现代医学才得以进展。

因此,世上没有绝对的好坏之分,在特殊的环境下,善和恶总是相对存在的。

在心理学上,这叫作"路西法效应"。

美国社会心理学家菲利普·津巴多依据他做的一个模拟实验,写下了《路西法效应:好人是如何变成恶魔的》一书。

早在1971年,津巴多在报纸上发布了一则广告,内容很是奇怪:"寻找大学生参加监狱生活实验,酬劳是每天15美元,期限为两周。"报名的大学生有70人。

这些大学生在经过一系列的心理学和医学测试后,最终筛选出24名身心健康、生活态度积极的大学生参与实验。而这24名大学生又被随机分成3组:一组充当看守人员(9人),一组充当犯人（9人），一组为候补人员（6人）。

为使监狱生活更加真实，津巴多把大学教学楼的地下室改造了一番。同时，他还模拟了监狱的生活和配置，如给看守发装备，如手铐、警服、警棍等，与之对应的犯人则是发囚服、编号等。

在这种逼真的环境下，这些实验人员很快就将自己代入角色。看守不断地对犯人施以刑罚和严苛的管理。而犯人也逐渐变得凶残起来，试图对抗看守。然而随着后来的刑罚程度逐渐升级，犯人开始变得服从，以至于后来他们见到自己的父母，都是一副怯生生的模样。

最夸张的是，连津巴多都将自己代入监狱长的角色。

由于所有人都过度地投入角色，实验不得不在第六天终止了，最终这个实验被称为"斯坦福监狱实验"。

通过这个实验，津巴多提出了路西法效应，用其形容人受到特定情境或氛围的影响，人的性格、思维方式、行为方式会表现出不可思议的一面。也就是说，在特定的情境下，隐藏在人性中的恶或善会被释放出来。

简言之，我们以为的好，未必会永远好；我们体会到的坏，也未必会一直坏。世上从来没有绝对的好与坏，我们也不要总是绝对地去看一件事情。

分享一个故事：

○　　1994年4月7日，一个非洲的小国卢旺达爆发了一场"人类历史上最惨的大屠杀"。几百万胡图族人对图西族人大肆屠杀。屠杀持续了3个月之久，接近

100万人在这场屠杀中丧生,相当于全国人口的1/8。

奇怪的是,不管是屠杀的人还是被屠杀的人,也不管是胡图族人还是图西族人,几百年来,他们都生活在卢旺达,都是性格温和的族群。而引起这场屠杀的罪魁祸首仅仅是胡图族人中极少数的一些极端分子。

屠杀开始的前一天,卢旺达总统谈判归来,但不幸在首都附近遭遇导弹袭击,落得机毁人亡的下场。在这之后的短短几分钟内,这些极端分子就把总统坠机的消息传遍了全国。图西族人和胡图族人互相指责是对方干的。

屠杀起初的状况并没有如此惨烈,只是双方武装队伍之间的战斗。而随着第一批平民的加入,就慢慢变成一场屠杀。两个族群水火不容,加入战斗的人越来越多,几乎杀红了眼。

最令人不解的是,图西族人和胡图族人平时是混居的。这些死在砍杀中的人有些是平时相处极好的邻居、要好的朋友,甚至是有血缘关系的亲戚。然而这些都不能抵消当时的环境对他们的影响。

你看,这些屠杀的人一开始并不是如此毫无人性,而是特定的环境让他们变成魔鬼。换一个环境,或许他们又成为英雄。可见,一个人是魔鬼还是英雄,是一个未知的事情,我们无法绝对地去看待一个人的好与坏,包括自己。

因此，身处复杂社会环境的我们，应该从路西法效应中学会，偶尔做一个局外人，理智冷静地去审视我们的生存环境和所处的位置，如此，才能保持住自己的善恶观和独立的人格。

笔者看过这样一个故事，感触良多：

> 有两个秀才一起去赶考，路上他们遇到了一支出殡的队伍。一个秀才看到那口黑乎乎的棺材，心里"咯噔"一下，凉了半截，心想：晦气晦气，怎么赶考路上会碰见棺材，肯定是有不幸的事要发生啊。
>
> 第二天这个秀才的心情一落千丈，直到走进考场，还想着那口黑乎乎的棺材，最终考试失败。
>
> 结伴而行的另一个秀才也看到了那口黑乎乎的棺材，心里"咯噔"一下，暗想要糟。但是他转念一想：棺材，棺材，那不是升官发财嘛！好兆头啊，看来我要鸿运当头了，一定可以高中。他考试的时候情绪高涨、思维敏捷，超常发挥地把题答完了，最后金榜题名。
>
> 有趣的是，两人回到家里后都对家里人说道：路上见到棺材真的是好灵验。

你看，真的是棺材灵验，还是自身所站的角度不同，所思考的不一样，导致同样一件事拥有了两个不同面呢？很显然，是事情并没有绝对的好坏之分。

当你说，遇到棺材是一件坏事，但一个秀才就想到了升官发财，信心大增，最终金榜题名；当你说遇到棺材是一件好事，可还是有一个秀才因为受到了它的影响,最终名落孙山。

可见,当面对一件事情时,我们看待这件事的角度非常重要。我们在一些不如意的事情上,尽量往好的方面想。当我们的心态调整好了,我们后续做的努力才会是正确的方向。

"生活就像一面镜子,你对它笑,它也会对你笑;你对它哭,它也会对你哭。"同样,还有另一个秀才的故事也值得我们听听:

有一个秀才为了进京赶考,就住在城外的一间客栈里。而就在考试的前两天,他一连做了两个梦。

第一个梦是他梦见自己在墙上种白菜;第二个梦是梦到下雨天,他既戴了斗笠又打了伞。秀才觉得这两个梦有一些含义在里面,于是,第二天就去找了一个算命先生解梦。

这个算命先生听了秀才的讲述,摇头晃脑,叹气道:"你这次还是回家去吧,你肯定考不上。你自己想想看,你在一面墙上种白菜,这不是白费力气吗?你又戴斗笠又打伞的,这不是多此一举吗?"

这个秀才听完算命先生的话,心灰意冷,回到客栈准备收拾东西回家。

客栈的店主看到秀才还没考试就要回家去,大感奇怪,就问秀才是怎么回事。秀才把算命先生的话原原本本地告诉了店主。

店主听后笑道:"你先别忙着走,我也会解梦。其一,你在墙上种白菜,这不就是高中的意思吗?其二,你戴着斗笠又打着伞,这不是有备无患的意思吗?所以说,你这次是一定能高中。"

这个秀才听完店主的一番话,觉得店主说得非常有道理,就信心百倍地去参加了考试,结果真的考中了探花。

你看,梦境本身没有好坏之分,很多时候我们只需要换一个心态和角度看它,问题就会变得清晰而简单。但有些人只能看到它坏的一面,而有些人却总能发现它好的一面,这就是人的心态不一样,看法也不一样。

因此,世上没有绝对的好坏之分。我们看到的可能只是其中的一面。此刻,我们更应该寻找适合自己的问题处理方式,多角度地去看事情。同一件事,因为情境不同、认知不同,就可能产生不同的结果。

分享一则小故事:

高僧问求道者:"你觉得是一粒金子好,还是一堆烂泥好呢?"

求道者回答道:"当然是一粒金子好啊!"

高僧笑了笑,说道:"假如你是一颗种子呢?"

而这个问题的答案就是:如果我们是一颗种子,即使金子再好,也不能让我们生存,即使烂泥看着再不怎么样,也能使我们活下去。

可见，在生活中，我们看到了好的事情或坏的事情，都千万不要着急，冷静下来，偶尔做一个局外人，理智地去审视我们的生存环境和所处的位置，不断地问自己：这件事发生在我身上，是不是很糟糕？这样好的东西，真的适合我吗？可不可以把这件坏东西改变一下，把它变成更有特色的东西？

想清楚了这些问题之后，你会发现你眼前的事情，变得与之前不一样了。

因此，不要绝对地去判断一件事的好与坏，而是用乐观、洒脱的心态看待事情，遇到事情尽量往好的方面去想。只有从多个角度看问题才能把事情看得更全面。如此，才能够让生活过得轻松且顺利。

07　鸟笼效应：摒弃那些残害你的惯性思维

生活中，我们习惯去同一个超市买东西，去同一个书店看书，做饭时放同样的调料，走路时习惯靠右，连睡觉都要在同一个时间点才能入睡。

这些都是我们经过日积月累所形成的惯性思维。

在心理学上，它有一个非常有意思的名字，叫作"鸟笼效应"。

近代杰出心理学家詹姆斯在1907年和他的好朋友物理学家卡尔森一起从哈佛大学退休。

有一天，两个人打起了赌。詹姆斯胸有成竹地说："我一定会让你在不久后就养上一只鸟，卡尔森。"

卡尔森笑道："怎么可能，我从来都没有养鸟的想法！"

巧的是，几天后，卡尔森的生日宴会来了很多朋友。詹姆斯送给了他一个十分精致的鸟笼子，并且放在了卡尔森的书桌上。然而这个房间是客人来访最多的房间，后来每个来访的客人都要问上一句："教授，你养的鸟呢？"卡尔森最开始还能够耐心地跟人解释，说自己没有养鸟。可时间久了，他发现这个回答换来的只是客人疑惑不解的目光。

无奈之下，卡尔森只能不情愿地买了一只鸟，詹姆斯打赌赢了他。

通过这件事情，詹姆斯发现了"鸟笼效应"。他认为，一个人先在自己的心里挂上了一只笼子，便会不由自主地想往里面填一些东西，从而获得相配感。

简言之，这是我们的惯性思维在作祟。

日常生活中有很多这样的例子，如一个男生送给女生一束花，却忘记送花瓶。为了养好这束花，女生会特意挑选一只精致的大花瓶来盛装，可花瓶还是空了很大的空间，很显然这束花不足以装满花瓶，于是女生又买了花来填满花瓶。

如果女生一开始就买了和花相配的花瓶，就不会有后来的事情了。

因此，鸟笼效应其实是在警醒我们：摒弃那些残害我们的惯性思维，不要给自己施加压力。

分享一个故事：

纣王的伯父箕子在上朝时给纣王启奏要事的时候发现，纣王用的筷子变成了象牙筷，这还了得？箕子认为纣王刚开始主持朝政，非但没有励精图治，还开始享受生活。箕子内心可谓是十分惶恐，表现在脸上就是大惊失色。

历来帝王的餐具都是无比华贵的，这些已经是我们见惯了的现象。可是箕子这么担心不是没有原因的。起初纣王是一个非常朴素的人，根本不会在餐具上讲究。然而箕子明白人的惯性思维是很强大的，纣王今天用了象牙筷，那么日后再用土瓦罐来盛汤是不是不合适了呢？同理，喝酒的杯子要改成犀牛角做的才配得上这些吧。长此以往，那纣王必然安于享乐，酒池肉林，残暴昏庸，无心主持朝政了啊！

结果如同箕子所料，纣王最后的结局也是走向毁灭。

你看，箕子为什么仅仅凭着一双象牙筷子就可以推测天下将会出现灾祸？

其实这不难想象，箕子是通过人的思维习惯推测出将来会发生的事。有了一双象牙筷子，就会想要一个精致的饭碗。久而久之，就会有更多的后续，自然就像一个豪华的笼子，要有一只和笼子相配的鸟一般，最终给自己带来无尽的麻烦。

当我们在支配思维习惯时，其实思维习惯也在支配我们。这时候，我们就该注意了，必须保持脑袋的清醒，在该变通的时候要变通，千万不要盲目依靠思维习惯去做事。否则，它会变成思维的枷锁，最终我们会走很多弯路。

那么鸟笼效应就全然是错的吗？其实不然，摒弃它，不如正确利用它。分享一个凤凰卫视的故事：

> 凤凰卫视很聪明地利用了鸟笼效应。把传统的广告时间改成了以下这种方式：插播一些其他节目的精彩预告片，以此吸引观众的眼球，让观众欲罢不能。恨不得赶紧看完当前这个节目，来看后续的节目。
>
> 这么做就很好地提高了凤凰卫视的连续收视率，使之完美地将广告和节目预告片合二为一、一石二鸟。

你看，凤凰卫视利用鸟笼效应来提升收视率，是非常常见的正确利用鸟笼效应的例子。把别人的固定思维转变成常见的定向思维，以多样的眼光去看待当下复杂的事物。让我们的脑子活动起来，不局限在一些常见的事情上，我们就会对很多东西有新奇的想法。

这比一直困在鸟笼效应的负面影响里有用得多。

不可否认的是，一些东西如果长时间出现在我们身边，我们就很容易把它们的固定出现当成习惯。于是，等某一天它们被突然打破了，我们的第一反应无一例外都是措手不及。

但如果我们能够多想想还没有遇到的各种困难和挑战，以及它们的应对方法，多思考，多给生活增加点儿乐趣，那么我们就不会被惯性思维牵着鼻子走，而是反客为主，把握我们的主动权。

就像爱迪生说的那样：不下决心培养思考习惯的人，便失去了生活中最大的乐趣。因此，惯性思维有利有弊，它能让我们在遇到同类问题的时候，少走弯路。但只依靠惯性思维不去思考当下的问题，我们也会被它拖累。

跳出限定我们的固有思维，一切问题将会迎刃而解。

恩格斯说："地球上最美的花朵是思维者的精神。"在日常生活中，我们经常会不自觉地利用惯性思维来帮我们做事。但我们一定要理性地认清惯性思维的本来面目。

它一方面给我们带来便利；另一方面又残害着我们的思想。比如，我们可以让大脑不用重复地思考同一个问题，可以让我们更迅速地做事情。但我们对于某些事，却妄下判断，固执己见，对预测到的危机焦虑不安、畏惧不前。

因此，理性看待鸟笼效应所带来的惯性思维，是我们解决问题的先决条件。多思考、多反省，不要片面地看问题，而是要学会多角度看待事情，也不要长期不思考，应该多一点儿好奇心，多一些天马行空的想法；最重要的一点是要保持一颗清醒的头脑。

总之，我们不仅要学会利用惯性思维，也要学会摒弃那些残害我们的惯性思维，如此，才能经营好我们的人生。

08　瓦伦达效应：越在意的，越容易失去

当我们在工作或学习的时候，越对自己施加压力，那么我们

失败的可能性也就越大。但是，如果我们放下思想负担，以平常心从容应对，反而能收到很好的效果。

这是生活中非常常见的一种现象，但是我们常常注意不到。

其实，它在心理学上有一个名字，叫作"瓦伦达效应"。

美国著名钢索表演艺术家瓦伦达的钢丝表演非常娴熟，从未发生过事故，被大家公认为精彩而稳定的表演项目。

1978年，73岁的瓦伦达要退休了，为了告别自己的职业生涯，他决定在波多黎各的圣胡安做最后一次演出，向喜爱自己多年的观众正式做一次告别。

于是，瓦伦达用了很长时间琢磨流程，并且把每一个动作、细节想了无数次。

到了那一天，瓦伦达的心境与以往不一样了，他想着这是自己的告别演出，便不断地在心里默念"这次表演太重要了，不能出一丝差错"，因为在座的都是知名人物。而且这一次表演不仅能给自己的职业生涯画一个圆满的句号，还会给演技团带来前所未有的收益。

但意外的是，以前没有出现过任何事故的瓦伦达这次竟然出现了重大失误——仅仅在空中做了两个难度不大的动作后，便从10米高的空中摔了下来，当场死亡。

事后人们发现，从未出过事故的瓦伦达这次会发生如此重大事故的原因是，他太想要成功了，从而变得患得患失，甚至无法在表演中专注下来。而以前的每一次表演他都是非常专心的，不管发生任何事情，都全身心地投入到自己的事情上，自然不会失败。

但正是因为这样巨大的压力，才让他最终以悲剧收场。

通过这件事，心理学家提出了"瓦伦达效应"，它指为了达到一种目的，在巨大的心理压力之下患得患失的一种心态。

而它其实也是在告诫我们，对任何事情不要太过在意。就像我们常常会认为"压力就是动力"，从而逼迫自己拼命努力。但压力其实是一把双刃剑，如果我们使用得当，就可化为杀敌万千的利器；反之，则会患得患失，从而伤害自己。

生活中有很多瓦伦达效应的例子，比如，我曾经看到过的泰山足球队前锋的故事：

> 泰山足球队中有一个技术非常好的前锋，他的球技被公认为第一，可是奇怪的是，关键时刻，他总是把球踢歪，即使不需要他用任何技巧时也是如此。
>
> 经过分析发现，他之所以会有如此表现，是因为他功利心非常重，特别是当他站在球门前等待着把球踢进球门的时候，他的脑子里只有"赢"，根本无法把注意力集中在"如何进球"上，以至于不能当机立断，果断地把球踢进球门。

你看，这个前锋就是得失心过重，以至于做事时顾虑太多，导致自己的心无法静下来，从而没有任何心思去关注当下的事情。可见，我们在做任何事情的时候，如果太过执着于事情的结果，往往会忽略事情的本身，从而陷入瓦伦达效应。

泰山足球队给我们的启示是，要想避免瓦伦达效应，就必须先学会做好当下,再去思考结果,对待任何事情,都要有一颗平常心。

分享一个故事:

> 20世纪60年代,美国有一个著名的演讲家约翰·琼斯。约翰年轻时参加过一场迈阿密大学组织的演讲比赛,参加这次比赛的选手几乎都来自美国的各大名校。
>
> 年轻的约翰明白这是一个非常难得的机会,如果能把握好这次机会,他在演讲方面将会有非常大的突破,于是他不断告诉自己,千万不能出任何岔子。
>
> 可等到他进入半决赛的时候,却因为对手的实力太过强劲而心生沮丧和胆怯。这样的心理令他手足无措,甚至还没有开始演讲便心跳加速,异常紧张,根本无法静下心来。
>
> 毫无疑问,约翰在试讲的时候就开始大段忘词,无法进入状态,导致不断出现低级错误。随着赛事的推进,约翰的状态越来越差,他几乎喘不过气来,一度想放弃比赛,好在他冷静了下来,重新振作精神,调整自己把从前的平常心找回来,并且告诉自己:"输赢没什么,不放弃就是赢了。"
>
> 就这样,约翰的心理真的发生了变化,他不再执着于比赛的结果,而是享受比赛的过程。渐渐地,他的内心静了下来,还找回了自己最好的状态,任何错误都没有犯过。

○　　最后，约翰以自己声情并茂的演讲赢得了所有人的掌声和尊重，还顺利进入了总决赛。

你看，起初的约翰在面对如此重要的赛事时，极度渴望成功，又怕自己会被淘汰，于是在心里给自己施加了很多压力，以至于变得很紧张，形成了更多的压力，这些过度的压力对他产生了生理上的影响，导致他无法专心准备比赛，这就是陷入了瓦伦达效应。

好在后期他及时调整了心态，找回了自己的平常心，才取得了好的结果。

若想成功，我们就要对任何事情的结果都不要太过在意，而是专注于过程，呈现出自己最好的样子，那么你所有的力量就都会帮你实现这个目标。即使失败了，也不会因为自己没有拼尽全力而后悔。

从这个故事中也可以发现，瓦伦达效应的产生过程其实是，我们心态失衡，从而产生过大的压力，紧接着便患得患失，最后导致失败。这一切的根源都来自我们的心理，就像美国斯坦福大学曾经做过的一项研究：人类大脑里的某一图像会像实际情况那样刺激人的神经系统。也就是说，当你不断地联想自己可能失败的样子时，其实这在无形中就给了你心理上的失败暗示，而越暗示，事情往往就会越容易失败。

○　　比如，紧张的高尔夫球手开球前反复告诫自己不要把球打到水里，这时大脑就会出现球打入水里的画面，然后杆子一挥，球可能就会掉到水里。但如果高尔夫球手能够保持平常心，努力克服自己紧张的情绪，不会想象失败的情形，那么球杆一挥，绝不会往水里打，只会打进洞而得分。

可见，在压力面前，我们任何时候都要保持一颗平常心，不以物喜，不以己悲，这样才能摆脱压力的束缚，从而把自己的全部力量用在当下。同时，如果我们能够多给自己一些鼓励，多想想成功的画面，去刺激我们的大脑，那么接下来我们就会向着我们的目标努力前行，如此，才能在良性压力下积极应对，取得最佳成绩。

其实，对于瓦伦达效应，用"有心栽花花不开，无心插柳柳成荫"来描述最适合不过了。

这就告诫我们，不要太在意事情的结果，只要我们保持良好的心态，努力做到最好，只专注于事物的本身，得到的结果反而会更好。

比如，我们在考驾照的过程中太紧张，太在意结果，就无法专注地驾驶车辆，那么就会在考试过程中出错，从而导致考试失败；又如，在升职中，因为太在意加薪多少，导致工作质量变差，出了很多错，于是从升职变成失业……你看，越在意，越容易失去。

要记住，世间种种事情，如果我们可以一直保持一颗平常心，从容应对，那么无论当下是好是坏，我们都可以非常顺利地应对。

因此，从今天开始，不要再想着失败的结果，先努力做好当下的每件小事情，调整好心态，把事情做到最好，那么无论结果怎样，我们都不会被瓦伦达效应所束缚。

09 聚光灯效应：只有你自己注意自己

你是否出现过这样一种情况：走在路上，不知怎么的，就摔倒了。此时，我们会面红耳赤，观察四周，全身上下像有蚂蚁在爬一样，难以释怀。

如果你是这样，那么你很可能掉入了"聚光灯效应"的陷阱。

1999年，康奈尔大学的心理学教授汤姆·吉洛维奇和美国心理学家肯尼斯·萨维斯基做了一个实验：

他们随机选了几组人，要求其中一组穿上一件奇怪的T恤，上面印着一位表情尴尬、说话低俗的流行歌手的照片，然后让他们去敲一间实验室的门，而实验室里坐的是其他几位没穿这件奇怪T恤的另一组实验人员。

在实验室里，这些人互相交谈了一会儿，然后便让穿着奇怪T恤的参与组从实验室里出来。随后，两位心理学家问实验室里的人，有多少人记住了参与组所穿的T恤上的照片。答案是：大约50%的人注意到了这件T恤，而只有25%的人注意到了这张照片。

为了验证该项实验，心理学家又让参与组穿上不那么夸张的、印有其他照片的T恤，重复了这项实验，最后又问实验室里的人相同的问题。答案是：50% 的人注意到了这件 T 恤，但是只有 10% 的人注意到了照片。

同时，参与组的人却给出了另一个答案，他们觉得至少有 80% 的人关注到了自己身上的 T 恤。

很显然，参与组高估了实验组对自己的关注程度。

通过这个实验，心理学教授汤姆·吉洛维奇和心理学家肯尼斯·萨维斯基提出了聚光灯效应，他们认为，很多时候人们总是不经意地会把自己的问题放到无限大，但是大多数情况下我们都高估了外界对我们的关注程度。

简单来说就是，我们太把自己当回事了，以为别人对自己的关注度很高，其实人家根本就不会像你自己一样注意自己。

例如，我们出丑时总以为别人会发现，其实，可能别人都是事后才注意到，没过多久就忘记了，甚至有可能根本没有发现；当我们表现不好的时候，害怕别人对我们投来异样的眼光，怕自己拙劣的行为被别人鄙视，事实上，没有人注意到你。

因此，聚光灯效应实际上在提醒我们，别太高估别人对你的关注程度，哪怕出丑也不用太过紧张，保持平常心，你会在人际关系中更加顺畅。

笔者曾经看过这样一个综艺节目：

节目组提出了一个创意：重金邀请一名路人来参加挑战，假装给他画上很丑的妆容。然后要求他在多个公共场合以正常步速行走，而且不能照镜子，不能逃跑，也不能与人交流。整个过程中都有工作人员在暗中观察，一旦发现他违规，立马取消参与资格，取消奖金发放。

节目组安排的都是人流量很大的场所，如地铁站、公交车站、超市等。这名参与者每经过一个场所，内心都觉得所有人都在盯着他看，心里始终不能平静下来，只想赶紧逃离现场。受限于游戏规则，他只能把头埋得低低的，不敢去看其他人。尤其是他在超市遇到自己的朋友时，他一度忍不住想问一问朋友自己脸上的妆容到底是什么样的。

这名参与者最终硬着头皮说服了自己，完成了挑战。但他心理确实受到了极大的伤害，他一直觉得大家都在关注他的丑陋妆容。因此，他在领完奖金之后做的第一件事，就是赶忙照镜子洗脸。然而，他的脸上并没有任何化妆痕迹。

你看，我们普遍会高估别人对我们的关注程度，当我们觉得自己那些丑态百出的样子会被别人笑话的时候，实际上，并没有很多人注意到你，也没有人会长时间记住这件事，除了你自己。

你觉得那些尴尬和窘迫的时刻，其实是夸大、高估了别人注意自己的程度，这多半真的只存在于我们的想象中，别人根本不关注。

我们虽然避免不了在犯了错后，或者在一群人面前时，尴尬和手足无措，但是我们可以降低聚光灯效应对我们的影响。

那么怎样才能不被聚光灯效应影响呢？其实，只要将注意力进行适当的分散，就可以很好地避免聚光灯效应的负面影响了。

分享一个故事：

> 有一年冬天，某个学校通知孩子们打预防针，有一个孩子不愿意打针。老师以为孩子害怕打针，所以一直安慰她，过了很久孩子才说，她并不是害怕打针，而是害怕要把外套脱掉，举起袖子来，因为孩子的毛衣破了一个洞，她觉得只要脱衣服，就会被同学们嘲笑自己穿了件破洞的毛衣，从而不愿意跟她做朋友了。
>
> 老师笑着跟她说，其实你注意到的事情，别人不一定会注意到，试试看，把你的注意力放在与护士姐姐的互动上。
>
> 孩子听了老师的话，和护士姐姐在还没有打针时就开始聊起来，等到打完针了才发现，原来真的没有人注意到自己的袖子。
>
> 最后，勇敢的孩子得到了老师的表扬，还得到了同学们的赞许。

你看，我们总是容易把自己注意到的事情或问题扩大化，但别人不会像你一样关心你关心的事情。换句话说，聚光灯效应是存在你头脑中的，并不是实际情况，此刻，试着转移你的注意力，就能很好地避免聚光灯效应带来的负面影响了。

分散注意力的好处是，即使你觉得别人对自己过分关注，可身处中心的你并不在意这样的关注，好似明星一般，习惯了这样的关注，你就会觉得自己的尴尬、紧张瞬间被转移了。这样的方法非常适合社交恐惧症患者。

但聚光灯效应就只能给我们带来负面影响吗？并不是，正确利用聚光灯效应还能给我们的生活带来一些便利。

分享一个故事：

一名业务员在敲门后进入客户的办公室。当时客户正忙于处理文件，便让业务员坐在对面的沙发上等他一下。这名业务员是一个很善于观察生活的人，趁着这个时间便打量起客户的办公室。最吸引他注意力的地方是一个相框和一幅字。相片中的客户穿着博士毕业服，那幅字写的则是"大展宏图"。

片刻后，看到客户已经处理完了手头的工作。业务员便率先展开话题："您是博士毕业的呀！真令人羡慕，请问是哪所大学呢？像您这么高学历的董事长在国内可是不多见啊！"客户听完便来了兴趣，笑道"过奖了，过奖了"，然后便讲起了他读博士的经历。

等到业务员谈及产品价格时，由于价格稍贵，客户有些萌生退意。业务员意识到了这一点，急忙转移话题："那幅字是您自己写的吗？真有气势，比当代大家也不差！"客户听到这里，又拉着业务员介绍一阵，说自己学习书法的经历。

两人相谈的气氛极为融洽，客户觉得这名业务员跟自己是同道中人，很合得来。最终业务员拿下了这笔订单。

为什么业务员会推销成功？这离不开聚光灯效应的影响。人们普遍对自己的照片很在意，不仅十分关注自己照片里的形象，还会在跟别人聊天时，很容易把话题引到自己的事情上来。并且不管过了多久，他都还能记得自己在聊什么。

这名业务员就非常明白这个道理，于是在上门的时候和客户交谈的第一个话题便是关于客户的东西，这样可以让客户放松警惕，慢慢地从生活聊到工作，从产品聊到价格，自然推销就成功了。

可见，正确利用聚光灯效应，能够给我们的生活和工作带来诸多便利。而我们要学习的是，当和别人交谈时，要让他成为交谈的中心。如此，才能和他建立有效的沟通。

曾经热播的一部日剧《卖房子的女人》中，有个很奇怪的角色。这个男人在与他人相见时，必须用纸箱把自己套起来，否则就不见人，哪怕是自己的父母。这个事情还要从20年前说起，男人当时在一次极为重要的会议上演讲，万众瞩目，然而这个时候他尿失禁了。在这之后，他就把自己关在家里，一关就是20年。

你看，聚光灯效应能够轻易毁掉一个人的一生，可见过度关注自己的、过度夸大别人看待自己的样子，就很容易给自己的心理造成大的压力，从而走入误区。

脱口秀演讲者王璐说："我从不在意别人的眼光，我就要做自己生活的甲方。"其实，要想生活过得顺遂，很多时候，我们要告诉自己，不要太过在意别人的眼光。

哪怕你话说得不好、长得不好看、身高不佳，好似全身上下没有一个优点，但这并不影响别人看待你的眼光。自信地去和别人交流，别人看待你的方式，只能由你自己决定。

大胆做自己，正确利用聚光灯效应，给自己更好的生活。

10　毛毛虫效应：盲从有时候会害惨你

别人说什么，我们去做什么。别人做什么，如果有一定的效果，我们也会跟着去做，根本不管是否适合我们。就在我们盲目跟风去做了这件事之后才发现，他人的道路并不一定完全适合自己，可这时为时已晚。

在工作、学习或是日常生活中，我们经常会遇到这种情况。

其实，一旦过于盲从，我们就很容易掉进毛毛虫效应的怪圈。

法国著名昆虫学家法布尔曾经做过这样一个实验：

他将许多毛毛虫放在一个花盆的边缘上，并使其首尾相接围成一个圈，又在花盆的不远处放了很多毛毛虫爱吃的松叶，对其进行了为期七天七夜的观察。

一小时后，毛毛虫们围着花盆转；一天过去后，毛毛虫们还在继续围着花盆转；直到实验结束，毛毛虫们因为饥饿以及精疲力竭而相继死去。

通过这个实验，科学家提出了毛毛虫效应，指的是，喜欢跟着前面路线走的习惯和因为跟随而导致失败的现象。简单来说，就是盲从。这些毛毛虫只会盲目地一个跟着一个地绕圈圈。

这个效应在自然界中发挥着非常大的作用。除了毛毛虫，最典型的还要数鲦鱼。个体弱小的鲦鱼有着群居的习惯，并且会选出队伍中最强壮的鲦鱼作为头领。科学家做了这么一个实验，他们把一条头领鲦鱼的脑后控制行为的部分割除。虽然这条鲦鱼失去了自制力，行动紊乱，但是其他鲦鱼仍像以前一样追随着它。

实际上，这个效应的本质是一种简单的思维定式，主要讲的是当我们在遇到"轻车熟路"的问题时，我们会下意识地重复既有的思考过程和行为方式。

不可否认的是，固有的思路和方法是具有积极一面的，但是如果我们一味地只追求固定的惯性思维，就会形成消极的一面。

因此，我们要想利用好思维定式的正面效应，首先要做的就是拒绝盲从。

分享一个故事：

> 郑板桥还是个小孩子的时候，就非常热爱书法，他甚至把那个时期的所有著名书法家的作品都临摹了多次。再加上他特别用功，花了大量的时间和精力进行练习。以至于到了后来，他临摹的作品都已经可以达到以假乱真的地步了。
>
> 可即使是这样的成就，在那个时候他也得不到其他人的认可。这让郑板桥十分苦恼。但是他这时还是只能模仿大家的作品，否则就失去了方向。

直到一个夏天，郑板桥和自己的妻子在屋檐下乘凉时突然有了新想法。

当时，由于郑板桥一直在思考着书法的事，就在自己的腿上比画着。后来，不知道怎么就画到了妻子的背上。

妻子有些不耐烦了，对他说道："你有你的身体，我有我的身体，为什么不写在你自己的身体上，要写在别人的身体上？"

这一句话立刻把郑板桥的思维完全打开了，练习书法为什么一定要一味地去临摹别人的作品呢，写出自己的笔迹才是成功啊！

于是，从那以后郑板桥不再临摹，而是将这些年来自己学习到的内容进行了融会贯通，不仅打破了当时已有字体的限制，而且进行了大胆的创新，最终形成了属于自己的字体。也就是现在备受大家认可的"板桥体"，郑板桥将其称为"六分半书"，后来被大家称作"乱石铺街体"。

你看，郑板桥盲目地去模仿别人的作品，久而久之发现自己的思想受到了禁锢。而如果跳出固有思维，不盲目从众，学会创新，毛毛虫效应的负面影响就会被我们所化解。

盲目地跟随只能和对方缩小差距，但是存在随时被超越的可能性。所以说，一定要提升自己的创新思维，一味地使用常规的办法，虽然会给你带来眼前的利益，但是也有可能错失真正的成功。

实际上,我们每个人都应该像郑板桥一样,时刻观察周边环境的变化,然后根据变化进行调整。

再分享一个故事:

每年苹果上市之前市场都有相应的预测。有一年,从预测中大家都认为当年的苹果市场会供大于求。这件事让非常多的苹果供应商及营销商暗自难过,他们盲目地认为:既然市场预测的结果都已经出来了,那今年的收入就没指望了,多半是挣不到钱了。

然而就在这个时候,有位聪明的果农却想到了一个创意。他给苹果赋予了祝福的寓意,当苹果还没有成熟的时候,他就将剪好的"喜""福""吉""寿"之类字样的纸贴在苹果朝阳的一面。由于太阳光照不到这些贴了纸的地方,导致苹果上就留下了这些痕迹。

到了秋天,这些带有"祝福"的苹果因为独具一格,卖得非常好。这位果农在大家都觉得要亏本的一年大赚了一笔。

更厉害的是,第二年其他人也学会了这个方法,这位果农依旧大赚了一笔,这是为什么呢?这位果农把好几个苹果组成了一组,形成了一整句吉祥话,如"寿比南山""平安喜乐"等。如此一来,买家自然还是愿意买他的苹果,他的苹果依旧大卖特卖。

你看,这就是摆脱惯性思维所带给我们的好处,就像果农一样，当他跳出这种思维圈子，便发现了解决苹果销售问题的方法。尤其是第二年，他又跳出了单个吉祥字的思维定式，而其他人却只是盲目地学习他的方法，果不其然成功的又是他。

由此可见，在面对问题的时候，不要第一反应就是用已有的观点或方法去解决当下的问题，可以尝试着创新方法，从而更有效地解决问题。

"创新是一切新事物的源泉。"我们要想摆脱毛毛虫效应，一定要增强自己的创新思维。不要害怕去创新，虽然会承担很多风险和压力，而且有一定的失败概率，但是这可比盲目学习别人的做法要高明得多，前路也会宽广很多。

德国历史学家蒙森说过："人类的创新之举是极其困难的，因此便把已有的形式视为神圣的遗产。"这样的思想导致我们在日常工作、生活、学习中极度地缺乏独立性。若是面对轻车熟路的事情，我们会下意识地去用现成的经验和方式去处理。

虽然这样的方式能够有助于我们简化解决问题的途径，但是长期的盲从会让我们在一些重要的问题上面作出错误的决定，最终浪费了时间和精力，却依旧找不到解决问题的办法。

时代的发展让人类不断地成长，越来越多的螃蟹在我们的面前，谁都可以做第一个吃螃蟹的人。可若是已有的形式根本无法给你带来更好的结果，那么盲从就是你前进最大的障碍。

因此，忘掉那些盲从吧，摆脱头脑中的思维定式，努力创新，开辟一条属于自己的路，如此，才能不怕万人阻挡，百尺竿头更进一步。

第三章

从墨菲定律中选择与反思

01　马太效应：强者越强、弱者越弱

最赚的总是庄家，最赔的总是散户。如果对这个现象不加以调节，普通大众的财富，就会聚集到少数富裕人的手中，进一步加剧贫富分化。

也许，你会觉得，这也太奇怪了！

其实，股市、楼市的这种奇怪现象，生活中也经常会遇到，它们在心理学上被称为"马太效应"。

什么是马太效应？它其实来源于《圣经·新约》的"马太福音"第二十五章中的一个故事：

> 一个国王远行前，交给三个仆人每人1锭银子，吩咐道："你们去做生意，等我回来时，再来见我。"
>
> 国王回来后，第一个仆人报告："主人，我用您交给我的1锭银子赚了10锭。"于是，国王奖励他10座城邑。
>
> 第二个仆人报告："主人，我用您给我的1锭银子赚了5锭。"于是，国王奖励他5座城邑。
>
> 第三个仆人报告："主人，您给我的1锭银子，我一直包在手帕里，怕丢失，一直没有拿出来。"
>
> 于是，国王命令将第三个仆人的1锭银子赏给第一个仆人，说："对于那些拥有财富很少的人，就连他

所有的，也要夺过来，因为他什么也创造不了。而对于拥有很多财富的人，还要再多给他一些，因为他能创造更多的财富。"

在上面这个故事中，三个仆人原先的财富是一样的，到最后却很悬殊。最终差距的形成分为两个阶段。

第一个阶段是国王回来前，他们各自去做生意赚到的钱是不一样多的，这时的差距是他们自身因素造成的，不同程度的勤奋和努力造成了差异。

第二个阶段是国王回来后，国王对他们进行奖励和惩罚，这时的差距是外界因素造成的。

但不知道你有没有发现，第二个阶段中外界因素的影响是建立在第一个阶段的结果的基础上的，而第一个阶段的结果又取决于自身的因素，所以开始时自身的一小点差异导致了后来的差异，再后来，差异进一步扩大，马太效应就这样产生了。

由此，美国科学史研究者罗伯特·莫顿在1973年正式提出了马太效应。马太效应指的是一种强者越强、弱者越弱的现象。通俗地讲便是，任何个体、群体或地区，一旦在某一个方面获得成功和进步，就会产生一种积累的优势，这种优势会带来更多的机会，进而取得更大的成功和进步。

这个术语后来经常被用在经济学中，反映穷的人越来越穷、富的人越来越富的现象。其实，在我们的周围可以发现许多反映马太效应的例子，就拿最简单的学习来举例：

在学校，学习成绩好的同学，学习效率高，学新知识的速度很快。同样的作业，成绩好的同学做起来得心应手，可能半小时就完成了，然后就有更多的时间去学习其他课外知识或兴趣爱好，他们运用在学习各种事物的时间更多。

在相同的时间内，他们能够做更多的题，应付课内作业简直就是不费吹灰之力，并且每次把作业做完的同时都能不断地积累成就感，会越做越顺手。

相反，成绩不好的同学，做同样的作业，需要花费更多的时间，因为做题速度慢、解题思路卡顿等。也正是因为这样，他们没有多余的时间去学习课外知识或其他兴趣爱好，久而久之，他们因为各种学习上的阻力，开始厌学，成绩越来越差。

于是，成绩好的同学，越来越好；成绩差的同学，越来越差。

又如，找工作的时候，对学历高、能力强的人来说，找工作很容易，他们可以挑选自己满意的公司和岗位。没学历，又没能力的人，只能选择一些工作要求很低，甚至没要求的岗位工作，有时候甚至这种工作也找不到。

即使有了一份低职位的工作，每天做的也是简单枯燥的底层工作，学不到新知识，无法提高自己的能力，也没有办法换一份更好的工作，只能陷入越来越差的恶性循环。而那些优秀的人始终顺风顺水，人生的路越走越顺畅。

生活中的这些例子告诉我们，这是个赢家通吃的社会，马太效应对于强大的人来说是绝佳的助力，合理地运用马太效应，赢家最终才会是我们。

应该如何利用好马太效应，让自己越来越强呢？分享一个故事，相信你就会明白很多：

> 1967年，研究生乔斯林·贝尔·伯奈尔发现了脉冲星。他们团队把这个发现做成了报告文件，文件共有五个署名，而署名排在第一位的，是伯奈尔的教授安东尼·休伊什，在这个发现中贡献最大的伯奈尔却只排到了第二位。
>
> 这种署名方式最直接的影响就是他的教授获得了诺贝尔物理学奖，然而伯奈尔却没有被列入获奖名单。这件事在当时产生了极大的争议，并遭到了另一位天文学家霍伊尔的强烈谴责。然而争议并没有持续太久。
>
> 伯奈尔依旧是寂寂无闻的研究生，还是一如既往地不被关注，而安东尼教授则因为此次获奖获得了极多的资源和人脉，名气越来越大。

你看，在马太效应中，教授获得的资源会越来越多，而作为弱势的研究生伯奈尔在辛苦努力之后，其资源始终没有得到任何提升。可见，一个人要想越来越强，首先要学会如何去积累自己的优势，只有优势被别人看见，才能有被提升的机会。

怎么理解优势的积累呢？分享一个故事：

> 华尔街众多品牌中，如果挑选一个品牌能成为投资人心中的安全港，那必然是星巴克。它虽然前后经历了多次分拆，但它的股价却攀升了足足几十倍，甚至它的收益一度超过了诸多大公司，如通用电气、百

事可乐、可口可乐、微软、IBM 等。

星巴克是如何创造奇迹的呢？舒尔茨这么说："我们的最大优势就是与合作者们相互信任，关键问题在于我们如何在高速发展中，保持企业价值观和指导原则的一致。"

企业品牌价值是顶级形态的资本。一流企业出标准，二流企业出技术，三流企业出产品，四流企业出效益。而星巴克作为一流企业，就给出了标准。

你看，超越马太效应怪圈的前提是资本。这里的资本并不仅仅是钱，而是经验、思维方式、能力、格局、知识、人脉等，也就是经济学意义上的资本原始阶段。

积累的过程很痛苦，这就要看你是愿意受学习的苦，还是愿意受生活的苦了。

人生的每一次选择，都有可能成为至关重要的转折。小到今天早餐吃什么，大到高考志愿的填报，选择哪怕偏差一点点，人生轨迹可能就会完全不同。作出对的选择很重要，只有选择对了，我们的人生才可能会越来越好。

当感到自己没有很好地把握机会时，就应该反省是自己的能力不够，还是自己的积累不够。

比如说，你正在做一份低回报的工作，而且在该领域内很难进步，那你就完全可以利用闲暇时间考其他领域的证书，提高其他方面的能力，或者换一份工作。只有做好积累，才会越来越强。最后，集中资源，让其发挥最大效力。

在马太效应中，其核心是资源，有钱人抱团有钱人，把资源牢牢掌握在手上，实现资源互换。

老子在《道德经》里提道："天之道，损有余而补不足；人之道，则不然，损不足以奉有余。孰能有余以奉天下？唯有道者。"其意思是：大自然的规律，是减少有余的补给不足的；可是人类社会的法则却不是这样，要减少不足的，来奉献给有余的人，谁能让有余来供奉天下呢？只有有道之人。

这让我想起了自然界中有一句很现实的话："物竞天择，适者生存。"运用到人身上，也就是强者更强，弱者更弱。强者随着积累优势，将有更多的机会取得更大的成功和进步。而弱者，如果不去强大自己，那么最终就会被社会淘汰。

02　曝光效应：多露几次脸，别人会对你多几分好感

人们更喜欢自己总听的歌，更喜欢自己常穿的衣服，或者更喜欢长久地陪伴在自己身边的人。

这是为什么呢？

在心理学中，有一种"曝光效应"对这些现象进行了解释，它也被叫作多看效应、简单暴露效应、纯粹接触效应。

20世纪60年代，心理学家扎荣茨做过一个有趣的实验。他让一群陌生人来观看一份毕业纪念册。在这群参与实验的人里，没有一个人认识毕业纪念册里的任何人，随后他再请这些人观看

毕业纪念册里那些人的独照，其中有些人会出现二十多次，而有些人只出现一两次。

实验结束后，扎荣茨询问大家对照片的喜爱程度。结果，在毕业纪念册里出现次数越多的人，被喜欢的程度也越高。也就是说，这些人更喜欢那些看过二十多次的熟悉照片，而不是只看过一两次的照片。

通过这个实验，心理学家扎荣茨提出了曝光效应，他认为，人们之所以会偏好自己接触较多的事物，是因为对这些事物足够熟悉。也就是说，我们对经常出现在我们眼前的人或事物会产生好感，并且随着熟悉程度加深，也会加深对他们的喜爱程度。

曝光效应也会发生在人们无意识的情况下，只要一个人或事物不断地在我们眼前出现，我们就有机会喜欢上这个人或事物。

同样的结论在另一个实验中也得到了印证。

研究者趁某个学期新开学的时候找来了几位女大学生，让她们分别在某些课堂上出现15次、10次、5次。唯一的要求就是让她们不要和教室里的任何人交谈，只需要安静地坐在教室里就行。

到了学期末，研究者把班上的同学叫到一起，分别给他们发了这几位女大学生的照片，让大家选出自己喜欢的。

结果是，出现次数越多的女生，越令同学们喜欢。

以上两个实验告诉我们，曝光效应是一种正常的心理现象，让人们偏爱自己熟悉的事物。因此，在人际交往中，如果我们没有一张人见人爱的漂亮脸蛋，也是可以吸引别人的。换句话说就是，多刷存在感嘛！

那么，如何利用曝光效应来正确地达到我们的目的呢？最重要的是我们在保证良好的第一印象的情况下，尽可能地经常出现在他人面前，这样别人就会更加容易喜欢你。

我们会发现，生活中那些经常和别人交流开玩笑的人，他们的人缘通常也比较好，在工作中，他们得到升职的机会也比较多。

但要注意，曝光效应需要在非强迫的条件下才会发生，也就是说不能过量地出现，否则会事与愿违。

比如，一开始就让人讨厌的人，就无法产生曝光效应，并且，重复地出现还会增加对方的讨厌程度。或者，本来两个人就有冲突，再经常见面，矛盾就会越来越大。

广告宣传中有很多曝光效应的例子，如很多广告会找那些当红明星来拍摄，并且会铺天盖地地宣传。这就是在正确利用曝光效应。明星早就在公众面前混了个脸熟，如果利用他们的形象，那么人们就会自然而然地对他们宣传的产品产生好感，这样品牌的认同感也就上来了！

同时，这也是为什么一旦明星有负面新闻，这些广告商就会立即停止与其合作。因为，公众已经对这个明星产生了厌恶，如果还继续合作下去，就会对品牌同样产生厌恶之感，所以广告商必须这么做。

分享几个实际的例子：

○ 拼多多的广告，就是利用传播媒介，频繁地出现在大众视野，打响品牌，让越来越多的人熟悉它；明星也会经常通过社交媒体发布自己的动态。只有提高了曝光率，才会吸引更多的粉丝。

就好像如果有人问你"挖掘机技术哪家强"，你会不会脱口而出"中国山东找蓝翔"？尽管这是一句广告宣传语，但如果你身边真有人想学挖掘机技术，你最可能推荐的大概率也是蓝翔。你如此推荐是因为蓝翔的技术好吗？你肯定也不确定。重要的是，当你想到挖掘机的时候，就只会想到蓝翔。

因此，当脑白金广告到处都有的时候，我们每个人都被那句经典的广告词"今年过节不收礼，收礼只收脑白金"给洗脑了，这样我们就会在给亲朋好友买礼物的时候，自然而然地想到买脑白金。

类似的广告还有很多，如"海的味道，我知道""小饿小困，就喝香飘飘"等。这些经典的营销广告背后，其实都是利用了心理学上的曝光效应。

当然，生活中曝光效应的运用也非常重要，拿小说《左耳》中的一个小片段来举例：

《左耳》中的女生黎吧啦和男生许弋，两个人的性格可以说是天差地别，黎吧啦蹦迪喝酒，许弋一心读书，是三好学生。然而，就是这样两个风马牛不相及的人，却产生了交集。当然，黎吧啦追求许弋的时候可是费了一番功夫的。

黎吧啦为了增加两人的见面次数，经常制造各种

○ 偶遇，在书店假装买书然后相遇，给许弋留下她爱看书的印象。像这种人为的巧合还出现在多个地方，最终结果就是许弋落入黎吧啦的"爱情陷阱"。

你看，通过曝光效应我们知道，人天生就对自己熟悉的东西有一种偏好，因此当黎吧啦反复出现在许弋眼前的时候，他的内心会随着她的每一次出现都增加几分好感。久而久之，当好感度增加到一定程度时，就变成了喜爱。

在人际关系中，如果你想要得到一个人的喜欢或者注意，那么首先就要在对方不讨厌自己的情况下，增加自己露面的机会，自然眼前这个无视你的人，就会慢慢地喜欢上你。

同理，如果你想培养兴趣或者习惯，首要的事情就是去做、去接触。通过长时间、频繁的接触和参与，你自然会将兴趣或者习惯培养起来。

但一定要注意，在利用曝光效应之前，建立好第一印象非常重要。只有不讨厌，才能够不加剧别人对我们的反感。

总而言之，生活中的曝光效应运用非常广，它给我们带来便利的同时，也给我们带来一些负面的影响。它不只对我们的人际交往有很大的助力，在生活的其他方面,它也会带来非常大的助力。

但是，当我们在运用曝光效应的时候，一定要注意它的一些前提，不要把原本的第一印象弄差，不要过度地去曝光自己，要保持一定频率的曝光，才能让对方适应我们的存在，拉近彼此之间的距离。

学会正确利用曝光效应，让你喜欢的人更喜欢你，让陌生的人熟悉并喜欢你，让讨厌你的人重新认识你。

总之，多露脸，可能就会有意想不到的收获哦！

03　木桶理论：找到自己的短板，把劣势变为优势

一个再优秀的人，如果不把自己的短板修补好，那么迟早有一天会被这个短板拖累。

这个有趣的现象还有一个名称，叫作"木桶理论"，又称"短板效应"。

美国管理学家彼得根据木桶提出了"木桶理论"：一个水桶能装多少水并不取决于最长的那块木板或者是全部木板的平均长度，而是最短的那块木板。因为水面永远是和最短的那块木板保持齐平的，要想增加木桶的盛水量，就得增加最短木板的长度。

通过这个现象，木桶理论得到广泛运用。其最早运用在企业管理上，用来警告企业如果不管理好自己的劣势，那么整个组织就会被这个劣势拖垮。

也就是说，任何一个组织或者个人可能面临的一个共同问题，就是构成组织的各个部分往往是优劣不齐的，而劣势往往决定着整个组织的水平。如果不找到自己的劣势，那么你的整体会被拖累。

就像《韩非子·喻老》里说的那样："千丈之堤，以蝼蚁之穴

溃；百尺之室，以突隙之烟焚。"

哪怕劣势再微小，它对整体来说再不起眼，可它一旦发挥作用，它毁灭的力量会超乎我们的想象。

因此，木桶理论提醒我们：找到自己的弱点，然后修补它，不要让自己有为它所累的一天。

分享一个故事：

> 魏永康两岁的时候就被人称为神童，更是在 13 岁的时候以高分考入湘潭大学的物理系，而后又在 17 岁的时候考入中科院高能物理研究所。
>
> 他的妈妈为了让儿子专心读书，把家里所有的家务活都包下了。不仅如此，为了不耽误儿子的学习，她亲自给儿子喂饭、洗脸、洗澡。哪怕是后来魏永康读大学的时候，他的妈妈也一直陪在他的身边照顾他。
>
> 后来，魏永康身边没有了妈妈的照顾，各方面都觉得不适应，无法安排自己的生活。缺失了妈妈这根"木板"，生活不能自理成了他彻彻底底的短板，最终被中科院劝退了。

你看，一个两岁就被人称为神童的人，他的长板是多少人可望而不可即的，可仅仅因为"生活不能自理"这样一个短板，就被否定掉，多么令人唏嘘。

可见，一个人想要成功，千万不要被自己的短板所束缚。我们只有找到那个短板，然后修补好它，才能保障我们的整个水平，增加我们的"盛水量"。

其实，这和医生对症下药有异曲同工之妙。同样只有找准了病根，才能把病治好。不然，要么不治等着病慢慢加重，要么错治让病情变得越来越复杂。

企业管理中常有木桶理论的指导，分享一个故事：

> 华讯公司有一个员工，因为能力一般，而且人际关系也处理不好，所以他提的建议总是被否定，对此，他忧心忡忡、工作积极性一直不高。某天，摩托罗拉公司需要从华讯公司借调一名技术人员去协助他们搞市场服务，华讯公司的总经理便派了这名员工前去。
>
> 出发前，总经理对这名员工交代："既然是出去工作，那么你现在就既代表个人，也代表我们公司，至于你具体怎样做，不用我教。如果实在觉得顶不住了，就打个电话告诉我。"
>
> 一个月后，摩托罗拉公司的经理打给华讯公司的总经理，称赞道："你的员工真不错！"从此，这名员工回到公司以后，得到了更多的关注和机会，他也为华讯公司的发展作出了不小的贡献。

以上华讯公司的例子说明即使是"短木板"，如果用正确的方式去引导，它也会慢慢地变长，从而增强企业的总体竞争力。管理者不能仅仅局限于个体的能力和水平，而更应该科学地配置团队。只有这样，才能把好钢用在刀刃上。

有时候，企业实力的差别不体现在员工和资本身上。而是体现在团队上。尤其是大企业，如果想长久持续地提升企业的整体实力和竞争力，那就一定不能把"长木板"和"短木板"放在对立面，而是把它们放在合适的位置上。

要评估一个企业或者团队的实力，不能只简简单单地去看"长木板"的数量，而是要看它们是否把板子都维持到足够的高度，这也是团队精神、团队力量的体现。如果想提升每一个成员的竞争力，最好的方法就是将他们放在合适的位置上。

"不识庐山真面目，只缘身在此山中。"如果我们一直将自己困在不好的思维里，就无法看到事情其他面的优点，那肯定解决不了难题。

因此，一些短处的改变不用我们太复杂地去思考，只需要热爱和努力，用时间把一点点的量变转成质变。

分享一位屠龙英雄：

齐格飞，是德国史诗小说《尼伯龙根的宝藏》中的主人公。据描述，他力量过人、英勇无比。在经过与巨龙的一番激烈搏斗后，他终于杀死了尼伯龙根岛的巨龙，然后用龙血沐浴全身，练就了金刚之身，刀枪不入。

巧的是，他的后背粘了一片树叶，就导致粘了树叶的这块皮肤没有被龙血浸泡到，成了他唯一的致命之处。后来，他的敌人想尽一切办法，从他的妻子那

○ 里逼问到了这一秘密,在一次战斗中刺中了齐格飞的这个致命之处,最终英雄陨落。

一个称得上完美的大英雄,仅仅因为某一个短板,变得有了缺憾,从而"输"了所有。

可见,如果无法找到我们的短板,总有一天,我们会被其所害。一个人、一个组织、一个企业,要想变得坚固、不可摧,那么只有想方设法地修补自己的短板,才能真正地解决问题。

04 羊群效应:"从众"和"盲从"是不一样的

人们更愿意去人多的店吃饭,哪怕需要排队等候;更喜欢去人多的店里淘衣服,哪怕它根本不比市场价便宜多少。

也许,你会觉得,这不是蠢吗?

其实,这些现象在我们生活中常常见到,心理学上把这种现象称为"羊群效应"。

羊群效应最早是股票投资中的一个术语,是指投资者在交易中存在学习和模仿的现象。后来有人做过这样一个实验:

在一群羊前面横着放上一根木棍,如果第一只羊跳过去了,那么后面的第二只、第三只也会跟着跳过去。这时,如果我们把木棍撤走,那么后面的羊哪怕没有看到这根木棍,也会像前面的羊一样跳过去。

通过这样一个现象，心理学上把羊群效应定义为一种从众的心理。它是指人们经常会受到多数人的影响，从而跟随大众的思想或行为，在群体面前放弃了个人的理性判断，不会从主观上去思考问题。

对于这样的行为，美国人詹姆斯·瑟伯写过一段十分形象的文字：

> 街道上突然有人狂奔起来，他可能是想起了什么，比如与女朋友的约会要迟到了，也可能是赶不上公交车了。不管怎样，他跑起来了。而一旁的路人看到这一幕，也跑了起来，这是一个卖报纸的小男孩。这时一位看起来胖乎乎的先生也跟着跑了起来。
>
> 10分钟过去了，整个街道上的所有人都跑了起来。一片嘈杂，你仔细听的话，还能听到有人在嚷嚷"失火了"。没有人知道这个声音是从哪儿来的，是真是假，反正跟着跑就完事了。听到有人喊"往东跑"，所有人就一起往东方跑去。
>
> 然而，真的有什么事情发生吗？并没有，只是第一个奔跑的人想起自己有些急事罢了。

你看，盲目地效仿别人，实际上他们真的明白发生了什么事情吗？并没有，只是因为从众心理，导致他们失去了原本的判断。

为了验证羊群效应的心理影响，美国心理学家阿希曾在学校里做过一个实验：

阿希在学校选出了6名志愿者。事实是，这6名志愿者中，有5名都是他提前找好的托儿，只有1名志愿者是实验对象。阿希给了志愿者两幅画，画上面分别有1条竖线和3条竖线。然后让志愿者比较，这1条线和另外3条线中的哪一条长度相同。

5名事先请好的托儿都给出了错误答案，这样的情景一直重复了18次。第六名志愿者一开始还能坚持自己的答案，到了最后一次，一度怀疑自己，然后跟随其他5名志愿者说出了一样的错误答案。

通过这个实验，阿希得出了结论：盲目从众是大部分人都会犯的错。

生活中有很多这样的例子：有的团购网站会在页面的醒目位置显示一个人数标识，每分钟甚至每秒钟，购买人数都会出现变动，进而吸引更多人参与团购。一般人看到这么多人买了之后，就会认为跟着大家的决策是最安全的。于是，心安理得地跟随购买，却不会考虑这种东西是不是真的需要。可见，盲目地从众会导致事情朝着糟糕的方向发展。

现实生活中，有很多事情都是因为羊群效应闹了大笑话。

网上传言日本核辐射会导致盐停产，这就导致一些网民买了一辈子都吃不完的盐，堆放在家里，唯恐盐停产了会没有吃的。这个传言说得有模有样：核泄漏会导致核辐射，污染海水，盐从海水中提炼出来，一旦海水被污染了，那么盐也会受影响，产量就少了。

然而事实是，只有一小部分盐是从海水中提炼出来的，大部分都是井矿盐和湖盐。

这个笑话讲出了羊群效应的精髓。可见，盲目跟从大众的举动，就容易掉入陷阱，甚至有时候会自己害了自己。

那么，要怎样才能不掉进羊群效应的陷阱呢？在遇到事情时，一定要对这件事情进行理智的分析再作出选择，千万不能盲目地看见别人做什么，自己就跟着做什么。

相信生活中我们常常会遇到缺乏主见、轻易从众的人，于是，就有很多商家开始利用这类人的心理从而达到自己的目的。例如，星巴克的辉煌成就，就离不开羊群效应。

> 星巴克在创建之初时，创始人霍华德·舒尔茨总想着独树一帜，让星巴克与其他咖啡店有所不同。他首先做的就是让店铺里散发着烤咖啡豆的香味，并且在橱窗里摆放着各种诱人的点心。
>
> 每当有客户从星巴克门前走过的时候，总是忍不住好奇心，想要体验一下这家咖啡店的与众不同。其他人看到星巴克坐了那么多人，也被吸引着走了进去。

你看，羊群效应在商业上，被很多人拿来利用。如果商家有良心，它会是一种助力，可若商家将其负面利用，将会是一场灾难。

分享一个故事：

在股票市场大火的时候，人们会在股票价格达到峰值时，疯狂地去抢一只股票。参与的人越多，后续挤进来购买的人越多。

于是，盲目地跟随大众购买这只股票的人，追到高位票的时候，被套得牢牢的，最后倾家荡产，血本无归。

是买股票的人不懂吗？不是的，他们只是很害怕，不跟随大众，万一自己的决定做错了，就更加后悔。因此，他们宁愿赌一把，也不愿意冷静思考分析。可见，如果我们不保持冷静，很可能会在遇到问题的时候，陷入恐慌，最后一点儿挽回的余地都没有。

因此，遇事不能不加分析地顺从大众的行为，也不能盲目地觉得大众的都是错的。而是要辩证看待，如果分析之后是正确的，就跟随；如果分析之后是错误的，就要理智对待。

曼德拉夫说："盲目跟风随大流有时对你的伤害是致命的，没有理性，就没有方向。"可见，从众的心理带给我们的是不思考和伤害。

但有一点我们需要注意，从众和盲从是不一样的。我们不可能永远不从众，那会让我们成为异类，并且在某些时候，从众其实可以帮助我们避免在一些问题上犯错。可我们不应该不加思考就去从众，那才会使我们最终掉进陷阱。

当我们没有了理性，就如茫茫大海上没有方向的小船，只能跟着风走，永远无法到达自己的终点。因此，我们要学会找到自己的方向，不盲目跟风。记住，理性才是我们永远的风向杆。

05　野马结局：愤怒是一种自我毁灭

因为愤怒，一脚踢到旁边的垃圾桶，结果没有控制好力道，导致垃圾桶坏了，于是不仅赔了钱还被警察教育了一顿；因为愤怒，和朋友争吵起来，结果没有控制好脾气，狠狠地伤害了朋友，最终友谊破碎，老死不相往来；因为愤怒，和陌生人吵了一架，最终越吵越激烈，于是大打出手，导致双方受伤……

你看，愤怒常常会把事情弄得一发不可收拾。

这种事情在生活中非常常见，在心理学上它也有一个名字——"野马结局"。

人们发现野马身上有一种现象：

在非洲草原上，有一种蝙蝠被叫作吸血蝙蝠，之所以称为吸血蝙蝠，是因为它们依靠吸食动物的血来生存。吸血蝙蝠引起了野马的暴怒，可不管野马怎样狂暴，就是拿这些"小家伙"没办法，因此，有不少野马被这样活活地折磨死。

关于野马的死亡原因，动物学家研究发现，原来导致野马死亡的因素，并不是失血过多，而是因为野马无法忍受蝙蝠围绕着自己，于是经常会暴怒和狂奔。一旦它们过度暴躁，它们就像失去了理智一样，根本不知道自己在做什么。最终，它们大部分都死于意外。

通过这个现象，科学家们提出了"野马结局"这个概念，指的是人们因芝麻大的小事而大动肝火，以致因别人的过失而伤害自己的现象。

这个现象给了我们一个启示：人在生活中难免会遇到一些不顺心的事情，如果我们不能用宽容的心去面对那些不顺心的事情，那么就会像野马一样，因为一时的情绪激动而走向毁灭。

也就是说，野马结局提醒我们，愤怒是人与生俱来的一种正常情绪，但它也是最有破坏力的一种情绪。现实生活中，因为一件小事就暴跳如雷，最终让局面变得一发不可收拾的事也不少。

因此，愤怒虽然是我们生活中常见的情绪，但如果我们不能管理好它，那么我们也会被它给拖累。

分享一个一只苍蝇气死了一位台球天才的故事。你也许会觉得不可思议，但它确实发生了：

1965年9月7日，一场台球世界冠军赛在纽约举行。两名参赛选手分别是路易斯·福克斯和约翰·迪瑞，他们都是台球天才选手，同时这场比赛的奖金高达4万美元。高额的奖金和名声刺激着两名选手，台下观众也是认真观看。

比赛过程中，福克斯领先了很多分，只要他赢了最后几分，那么冠军就注定是他的了。赛场里一度变得十分紧张，而迪瑞更是已经坐在角落里开始沮丧了，因为在这种情况下自己多半是输定了。

可谁也没想到的是，这时比赛大厅里出现了一只

> 苍蝇，围绕着球台飞了一圈又一圈。好巧不巧的是，它落在了母球上。福克斯将它赶走，然后准备打球。可是这只苍蝇一而再、再而三地落在母球上，哪怕是被驱赶。福克斯的耐心被耗光了，气得用球杆去打苍蝇，然而苍蝇没打到，却碰到了母球，这让他失去了一次击球的机会。
>
> 迪瑞抓住这个机会，一杆反超，最终获得了冠军。拿走了4万美元奖金和冠军。事情到这里并没有结束，福克斯离开比赛大厅后状态一直不是很好。然而并没有人注意到，直至第二天早上，有人在小河边发现了福克斯的尸体，他自杀了。

你看，一只苍蝇就这样气死了天才台球冠军！虽然这个故事听起来让人很吃惊，但这就是愤怒的力量。它让人失去理智，不明白当下自己到底在做什么，从而给我们造成了严重后果。

可见，当我们因为愤怒失去一些机会或者做了一些错事的时候，一定要明白，反正事实已经这样了，没必要纠缠结果，而是要学会宽心，让自己留足精力，尽量去弥补这些错误或者准备好下一次重来。

生活中，这样的人和事非常多。就好像《一生的资本》里写的那样："任何时候，一个人都不应该做自己情绪的奴隶，不应该使一切行动都受制于自己的情绪，而应该反过来控制情绪。"

因此，我们一定要重视愤怒的情绪，要学会让愤怒远离自己，因为如果我们长期处在愤怒的状态下，就很容易产生心理障碍和心理疾病。

可如果当我们愤怒的时候,控制不住自己的情绪该怎么办?首先就得学会调节它,不能让它对你来说像个吃人的恶魔。我们要直面这个问题,然后主动让快乐走进来。

有这样一个故事,值得我们听一听:

> 胡适先生提倡白话文,因为这个,他没少挨骂。
>
> 有直接骂他的,比如邓之诚说:"京城里有个姓胡的,叫胡适,是专门胡说的!"
>
> 也有间接挤兑他的,比如黄侃说:"昔日谢灵运为秘书监,今日胡适可谓著作监矣。"意思就是,胡适的两本著作都只写了一半,而没有了下文,是"太监"。
>
> 可胡适先生对待这些骂声是怎样的态度呢?即使他挨了这么多骂,但是他的情绪一直很稳定,对此还说道:"尽管我挨了40年的骂,但是我从来不生气,而且还欢迎之至,因为这代表了中国的言论自由与思想自由!"

你看,被那么多人骂,胡适先生应该有多么的愤怒,可他却想得非常开,控制了自己的情绪,不让自己陷入野马结局。可见,当我们愤怒的时候,试着去把快乐引到自己的身边来,让快乐赶走愤怒,从而让我们更理性。

虽然生活里有很多让我们生气的事情,但是真正有智慧的人,从来都不会因为他人的指责而暴跳如雷。相反,他们在遇到这种让人生气的事情时,会想办法让自己的情绪稳定下来,好好思考这件事情的本质。

于是，一切指责、愤怒，在他们眼里就如同一阵风吹过，根本无法影响他们的情绪。这可以启发我们，当愤怒的时候，要让自己静下心来思考为什么我们这么生气，我们生气是为了什么，我们这样做值不值得……等我们想好了这些问题的答案，其实愤怒已经离我们很远了。

美国著名心理学家安东尼·罗宾斯说："成功的秘诀在于懂得怎样控制痛苦与快乐这股力量，而不为这股力量所反制。如果你能做到这点，就能掌握住自己的人生。反之，你的人生就无法掌握。"

这也就是说，如果我们没有处理好各种情绪带给我们的影响，让它蔓延和扩散，那么我们的人生就会变得一团糟。

所以，我们内心的那匹野马一定要驯服好。学会去调整心态、稳定情绪，告诉自己不要轻易生气，不和糟糕的事纠缠。

把自己的格局放大，成为一个有修养的人，思考愤怒的本质，那么愤怒就不会对我们的生活造成困扰。

06　贝尔纳效应：条条大路未必通罗马

平常的你有各种各样的爱好，但是一到关键时刻又发现自己没有一项是做得非常好的。或者，你提出了很多疑问，花了很多心思去寻找答案，却不是最终给出正确答案的人。

如果你有这种感觉，说明你已经中了贝尔纳效应的圈套。

什么是贝尔纳效应呢？它其实是从英国著名科学家贝尔纳身上发现的一种现象：

> 贝尔纳是一个非常著名的科学天才，但是他的一生从未获得过诺贝尔奖。在最开始的时候，他的同事和学生们都认为：如果按照创造天赋来讲，贝尔纳绝对是有实力拿到诺贝尔奖的，甚至不止一次拿到。
>
> 然而，贝尔纳的一生，拿到的最高荣誉竟然只有英国皇家学会勋章和国外院士之职。这是为什么呢？
>
> 大家统一的答案是：贝尔纳在进行科学研究时，非常喜欢提出问题，并且会提出自己的见解，然后把问题都交给其他人去得出结论。
>
> 于是，很少有人知道，很多原始思想其实都是贝尔纳想出来的。贝尔纳最终因为缺乏解决问题的恒心，从而蒙受了巨大的损失。

通过贝尔纳的事情，人们提出了"贝尔纳效应"，它指的是人们的兴趣异常广泛而思维又过于发散，致使任何一方面都没有深入钻研，从而什么都没有得到。

简单来说，贝尔纳效应提醒我们，如果我们不在一个地方深耕，那么就永远不会到达终点。就像贝尔纳一样，他虽然很聪明，但是他没有一项拿得出手的研究，最根本的原因在于他总是在扩展自己的广度，却从来没有深入地去得出一个最终的结论。

分享一个很贴近我们生活的故事：

> 刚大学毕业的小王选择在一家国企做文秘工作。虽然收入一般，但是福利待遇很好。但她觉得自己年轻，不应该只做这种她认为简单的文字工作，于是一年后她跳槽到一家私企做人力资源工作，工资是提高了，但相对也更累了。于是她想，反正都是累，与其做人力资源，不如做销售还可以拿提成，于是，一年后，她又跳槽到另一家企业去做销售，由于没有销售方面的经验，导致业绩平平。
>
> 小王在三年的时间里换了3个岗位，3家公司，每个岗位只待了一年时间，基本处于业务的熟悉阶段，根本谈不上对业务进行钻研了。反观与自己一同毕业的同学，在同一岗位工作3年，基本已经被公司视为后备人才开始培养了，不少已经走上了管理岗位。像小王这种三年换三份工作的人，是不会被任何一家公司认可的。

你看，像小王这类人在职场中并不少见，尤其是刚毕业的大学生，经常会眼高手低、心浮气躁，缺乏对岗位或领域持久的耐心和坚持。他们习惯在做了一件事情之后，就想得到一些回报。并且，每当做了一件事情却没有回报之后，就会感叹是不是自己没有这方面的天赋，或是抱怨自己运气不好。

可是，当他们抱怨和感慨的时候，他们很少回头看自己是否对一件事情真的下了功夫。

事实上,别人付出的心血比他们多得多,而他们并没有深入地去学习、研究,只是浮于皮毛。可见,一个人在没有深入钻研之前,不宜轻易放弃。

其实,在我们的生活中,有很多人都是这样的,对很多事都只停留在兴趣的层面。比如,一个人喜欢画画也喜欢书法,可要是让他选择一项作为加分项,他便发现其实自己根本就没有做好任何一项。

所以,我们如果想要成功,就必须追求深度。等深度到了,再去追求另一件事,只有这样我们才不会丢了西瓜捡芝麻,最后一事无成。

当然,在追求深度的同时,我们还需要对事物保持绝对的专注,就像接下来要讲的唐朝诗人贾岛一样。

贾岛是著名的苦吟派诗人。之所以被称为苦吟派诗人,是因为他每写一句诗或是一个字,都会付出非常多的心血和精力。

一天,他骑着驴走在路上,想着自己的诗,不知不觉就走上了官道。

当时他琢磨的是《题李凝幽居》中的第二句:"鸟宿池边树,僧推月下门。"

那时,他想要把"推"换成"敲",但是他又有点拿不准,因为他觉得"敲"还不如"推"好。贾岛嘴里念叨着,不知不觉间就闯进了大官韩愈的仪仗队里。

韩愈也没有生气，而是问贾岛："你为什么要闯进我的仪仗队？"贾岛深感歉意，并将自己写出的那首诗的全文背给韩愈听，然后又礼貌地向韩愈询问了意见。

韩愈一听贾岛的诗，便对贾岛说："还是用'敲'比较好，因为在深夜时分拜访自己的好友时，用敲门这个举动说明你是个礼貌的人！而且，一个'敲'字还能使你的诗句多了几分声响。再说了，用'敲'读起来会响亮些。"

贾岛在听了韩愈的解释之后，不停地点头称赞。最后，两人还成了好朋友。

你看，仅仅为了一句诗中的某个字，都可以钻研到忘我的境界，可见贾岛对于诗词的痴迷和努力。

就像著名企业家任正非说的："不要觉得10年太遥远，身为企业管理者，不过弹指之间，这10年你做得专注，坚持不懈地把公司做好了，你就是专家；但是，如果你什么业务都想去做，但什么事情又都没做好，你就是败家。"

因此，我们每个人都需要在一件事上使出自己的全部专注力去做，不能三心二意。这样，我们总有一天会在这件事情上取得收获。

当然，一味地死钻一件事情有的时候也不一定就能够成功，我们只有找到适合自己的方向，然后坚持不懈才是正确的做法，就像我接下来要讲的著名植物学家达尔文的故事。

达尔文的父亲希望儿子能够继承自己的事业，去做一名医生。尽管达尔文考上了医科大学，可他对医生这个职业依然提不起兴趣。他喜欢的是收集标本。

他的父亲对此表示十分无奈，便又将他送往神学院，想让他当一名牧师。然而当牧师也不是达尔文的理想。其实达尔文真正的理想早在他9岁的时候就已经告诉了父亲。他要发现世界上未被探索的秘密，要周游世界实地考察。

达尔文听从了父亲的安排，在神学院读书。毕业后他找了一份比较清闲的工作，在工作之余，就专心收集动植物标本，后来甚至辞掉了工作，开始了长达5年的环球旅行。也正是在这5年时间，他做了大量的实地观察和研究工作。

最终，他在1859年出版了《物种起源》一书，震惊了整个学术界。

你看，在达尔文成功的路上，有着各种各样的阻碍。试想，如果达尔文遇到阻碍时没有坚持自己的初心，放弃了自己的理想，那么他还会成功吗？答案大概率是否定的。

也正是因为达尔文一直坚持着自己儿时的理想，并坚持了很多年，最终才如愿以偿地达成了自己的心愿，获得了成功！因此，我们一定要找到自己的方向，并且不改初心地坚持下去。

英国诗人威廉·柯珀说过："即使是黑暗的日子，只要挨到天明，也会重见曙光。"

也就是说，在这个世界上，没有什么能够取代专注以及坚持给我们带来的成果，就像世界上没有任何一件事是简简单单就能完成的。因此，哪怕条条大路通罗马，如果不能坚持不懈，总是轻易放弃，即使换了另一条路也只是在原地在打转而已。

让我们寻找自己喜欢且擅长的一条路吧，然后专注地坚持走下去，我相信在路的尽头一定会有成功等待着你。

07　虚假同感偏差：世界未必是你想的那样

人们常常会认为自己喜欢的东西，别人也会喜欢，所以就会在和其他人聊天时，不断地讲述自己喜欢的东西；在和朋友一起吃饭点餐时，我们都会下意识地为朋友点自己喜欢的食物。

或许你觉得这样是对别人好。事实上，这是我们陷入了"虚假同感偏差"的陷阱里。

1977年，美国斯坦福大学社会学系的教授们做了两个实验：

第一个实验是，教授们找来了一群大学生，并要求这些大学生阅读一份关于冲突的资料，与此同时，还告诉他们面对冲突有两种回应方式。等他们阅读完之后，就让他们回答三个问题。

第一个问题是，猜测别人在面对冲突时会选择哪种回应方式；第二个问题是，说出自己会选择哪种回

○ 应方式；第三个问题是，对选择这两种回应方式的人的特征、属性分别进行阐述。

○ 实际上，这个实验的目的并不在于观察这些学生的选择是什么，而是去观察这些学生在选择了自己的方式之后，对选择另一种方式的人会有怎样的看法。

很快，实验结束了，教授们发现了一个有趣的现象：很多学生在看与自己选择不同的人时，是非常极端的，他们甚至认为与自己选择不同的人不正常。

接下来，教授们做了第二个实验，这一次，改变了实验的情景。

○ 这次的实验者是另外一群大学生，教授们向他们提问：是否愿意在身上挂一个写有"欢迎来某某饭店吃饭"的广告牌，并且去校园走30分钟。教授们并没有告诉他们实验的目的，而是告诉他们在这次实验中肯定可以学到些什么。同时，如果有人不愿意这样做的话，完全可以拒绝。

两个实验结束后，得出的结果是：在同意挂广告牌的人中，有62%的人认为其他人应该也会同意这个实验；但那些不同意挂广告牌的人中，只有33%的人认为会有人愿意挂广告牌在校园里闲逛。

通过这个实验，斯坦福大学社会学系的教授们提出了"虚假同感偏差"这个名词，它指的是在大多数情况下，我们对别人的判断都是不客观的,可我们大部分人也并没有意识到这个关键点,于是就用自己的固定思维和原则去判断别人,从而导致我们和别人之间产生了许多矛盾。

也就是说,在日常生活中,总会有一些因素影响我们的判断,以至于给我们造成了心态上的一种偏差,导致大部分人都认为,别人的想法和选择应该与自己是一样的,但实际上,我们每个人都会有自己的想法和选择。

生活中有很多虚假同感偏差的例子,如:有一种冷叫作妈妈觉得你冷,而有一种饿叫作奶奶觉得你饿。这句话是什么意思呢?也就是说,其实你并不冷,也不饿,但是在外人的眼里,你却是这个样子。

这种虚假同感偏差看起来好像并不重要,但是如果我们不重视,也会严重影响我们的生活。那么,我们究竟要怎么做才能不陷入虚假同感偏差的陷阱呢?

分享一个故事:

有一对父子,一见面就吵架。儿子嫌父亲啰唆,父亲嫌儿子不听话,每次见面还没聊几句,两人就不欢而散了。

一次,儿子想要缓和自己与父亲之间的关系,便对父亲说:"父亲,您从来没有认真听我说过一句话,现在,您只要把我说的话重复一遍就行了。"

父亲认为这件事很简单,便一口答应了儿子。而父亲在重复了儿子说的话之后,才觉得儿子其实非常懂事。于是，父子俩的关系开始变得融洽，甚至成为无话不说的朋友。

　　父亲的企业也因此有了变化，原来是通过儿子这件事，父亲意识到倾听的重要性。于是，在之后的企业管理中，不再霸道地不听劝，下属每一次汇报他都会十分认真地听，企业的业绩自然一天比一天好。

　　你看，在父亲眼里，儿子是不听话的人；在儿子眼里，父亲是一个非常啰唆的人，但这真的是父亲和儿子的本性吗？很显然不是，但正是虚假同感偏差导致儿子觉得父亲啰唆，父亲觉得儿子不听话，两个偏差在一起，便导致了两人话不投机。

　　可当他们打破了这样的偏差，两个人互相理解之后，就会发现，其实眼前这个人和自己想象的不一样。而沟通的这个过程，就是很好的一个良性循环。

　　就像英国前首相丘吉尔曾经说过的一句话："所谓勇气，需要挺身直言；所谓勇气，也需要静坐倾听。"简单地说就是，要摒弃我们过于主观的判断。

　　虚假同感偏差本质上来自我们的主观判断，因为人们习惯用自己的感知去做判断，要想避免虚假同感偏差，就得先学会不凭主观和直觉，别用自己的固定思维去度量别人。

　　分享一个特别有趣的实验：

　　一次课堂之上，教授要求每位学生选择是喜欢可口可乐还是喜欢百事可乐，并把答案写在小纸片上然后交给自己。

在统计后，教授随机选学生回答问题："你喜欢什么饮料？"学生回答道："可口可乐。"教授又问："那你觉得，其他同学喜欢可口可乐的占比有多少呢？"该学生回答 80%。同样的问答，不同的学生给出了不同的答案。喜欢可口可乐的人觉得其他大部分人都会喜欢可口可乐，而喜欢百事可乐的人觉得其他大部分人应该都会喜欢百事可乐。

最终统计结果则是：大约各占一半。

你看，人们善于用自己的主观去判断问题，可有时候眼见不一定为实，只有当我们学会理智地思考问题时，我们的判断才有意义。

其实，在日常生活中有很多这样的情况，如果我们只是一味地遵循自己的原则，而不考虑实际情况，那么很有可能错过真相或者成功。

换句话说，在日常生活中，我们可以选择用倾听的方式去做一个理智的人，少犯错。同时，倾听不只是单纯地听对方讲，而是应该在倾听的同时，积极地参与进去，这样就会使整个对话成为一个良性的互动，最终才会得到正确的答案。

不知道你有没有发现，在很多情况下，当我们陷入虚假同感偏差时，我们会变得狂妄自大且以自我为中心，这还会影响到我们看清事物的本质，也许我们眼中看到的世界并不是我们想象中的那样。

就是因为这样，我们才更应该学会不以主观意识去随便判断任何一件东西。就像《论语》里说的那样："己所不欲,勿施于人。"你自己的想法是这样，不代表别人的想法也是这样，别人也会跟你做同样的事情。

让我们学会倾听，在坚持己见的同时，也不要强加于人，相信我们的生活一定会变得更加美好。

08　控制错觉定律："别让"错觉"来教你犯错

走在大街上，偶然间和一个异性对视了几眼，心中便小鹿乱撞，以为人家对自己有意思，然后开始扭扭捏捏、脸红，赶紧掏出镜子整理自己的头发，等再一抬头，发现人家早走了。

生活中，我们很多人都容易被所谓的错觉欺骗，进而做出错误的判断。

其实，心理学上把这种错觉叫作"控制错觉定律"。

为了形象地阐释"控制错觉"是怎么一回事，心理学家做过这样一个实验：

他们通过一家公司出售一批彩票，其中，设置的大奖是500万美元，一张彩票是1美元。

出售时，有一半彩票都是买主自己挑选的，另一半彩票则是由卖票人挑选的。到了开奖那天，心理学家找到那些买了彩票的人，告诉他们还有人想买这期彩票，问他们能否转让，同时询问了他们能够接受的转让价格。

结果,那些自己挑选彩票的人,他们开出的平均转让价格是 8.16 美元一张,是售价的 8 倍多,而那些没有亲自挑选彩票的人,他们的平均转让价格只有 1.96 美元一张。

这其中的原因就在于,自己挑选彩票的人对于中奖的信心更强烈,因此对彩票的估价也就更高。但从客观上讲,偶然性事件的发生只与概率有关系。也就是说,买彩票的时候,无论这张彩票是自己选的还是别人选的,中奖概率是不变的。

尽管人们都知道这个道理,可是到了实际操作时,大家往往都会认为自己精心挑选的彩票中奖的概率会更大一些。

通过这个实验,心理学家提出了"控制错觉定律"。它指的是,由于日常生活中的主要行为都能靠我们的努力和训练控制,于是,就将这种意识错误地运用到所有事中,包括那些偶然性事件。事实上,很多人都会被这样的错觉欺骗。

分享一个故事:

美国西部的一个村子里住着一个农夫,他家紧挨着一个大池塘。每天晚上,池塘里的蛙鸣声都吵得农夫睡不着觉。

终于有一天,他被吵得忍无可忍了,来到城里的一家餐馆,向老板打听餐馆需不需要上万只青蛙。餐馆老板听后吓了一跳,他告诉农夫:"你知道上万只青蛙是什么概念吗?我敢打赌,你连 1000 只青蛙也没有。"

但是农夫拍着胸脯保证,说自己亲眼看到自家后院的池塘里密密麻麻的全是青蛙。农夫反复向餐馆老板保证自己至少有1万只青蛙。就这样,餐馆老板暂时相信了他。

其实这个农夫根本就没有去池塘看过,更没有数过那里究竟有多少只青蛙,只是每天晚上青蛙的叫声简直都快要把他的耳朵震聋了,他就觉得一定有上万只青蛙。

于是,农夫和餐馆老板签订了协议,接下来的几个星期里农夫要向餐馆供应青蛙,每次500只。结果,到了第一次交货的时间,农夫才发现发出那让人心烦意乱的噪声的,只有两只青蛙。

你看,"池塘里有上万只青蛙",这是农夫根据自己听到的声音作出的判断。其实他根本没有去过池塘,为什么会一口咬定青蛙有上万只,还保证自己看到过呢?

事实上,农夫没有撒谎,他确实"自以为"看到过,那是因为他对自己的直觉极度信任,进而产生了错觉。

可见,控制错觉定律简单来说就是,对于非常偶然的事,人们简单地以为凭自己的能力可以掌控。可越是这样,就越会产生错觉。

这种错觉并不是幻觉,也不是想象。这种错觉的产生是因为:人们可以掌控、支配平常生活中的大多数事情时,就会习惯把这种错觉扩展到偶然性事件上。也就是说,你觉得自己既然能控制那件事，就一定也能控制这件事。

比如，我们掷骰子时，胜负完全是偶然的，与自己的技术和能力毫无关系。但每次有人想掷出"6"的时候，心中就在想"6、6、6"，嘴里也在小声地念叨，甚至不知不觉地逐渐用力摇骰子。

可事实上，结果完全是随机的，最后能不能摇出"6"与这些附加的动作一点关系也没有。只是人们潜意识里觉得自己越努力，结果就越容易如愿。

为了验证这个定律，心理学家做了这样一个实验：

心理学家给几个大学生一些钱，让他们来用骰子赌博。结果发现，大多数学生在掷骰子之前下的赌注都很大。这是为什么呢？因为学生们都觉得靠自己的努力能使骰子按自己的意愿转动。不过，这根本没有任何逻辑上的依据，只是人们的错觉而已。

了解了控制错觉定律，我们便不难理解为什么赌博游戏会吸引那么多人，甚至还有不少人为此倾家荡产也难以自拔。因为这些赌徒以为凭借自己的能力就能控制输赢，他们正是陷入控制错觉定律所描述的情况中。

大多时候错觉是因我们自己对事物的错误感知而产生的，就像前面那个故事中的农夫一样。不仅如此，外在因素也会误导我们产生错觉。

再分享一个实验：

有人分别从富裕家庭和贫困家庭挑选了 10 个孩子,让他们估计美元中从 1 分到 50 分硬币的大小。

实验发现,来自贫困家庭的孩子比来自富裕家庭的孩子要高估硬币的大小,尤其是 5 分、10 分和 25 分值的硬币。因为贫困家庭的孩子对这种高分值的硬币见得很少,于是就错误地以为分值越高,硬币越大。

这个实验形象地说明了,每个人对事物的感知能力会因为环境的不同而不一样。在现实生活中,人们很容易产生各种各样的错觉。而对于错觉,我们要用心去克服它,不然,就会上当。

《列子》中记载了《两小儿辩日》的故事,它正是控制错觉定律的一种现象。简单地说,错觉是指不符合刺激本身特征的、错误的知觉经验,它在心理上产生错觉,从而让我们犯错。

不过,错觉虽然奇怪,但并不神秘,运用错觉、研究错觉的形成,也能够帮助我们找到事物的规律。打个比方,有一种错觉叫作"倒飞错觉"。它说的是,飞行员在海上飞行时,有时会看到大海和天空是一个颜色,这时,就不容易找到地标。

经验不够的飞行员往往因为不清楚上下方位,就产生"倒飞错觉",造成飞入海中的事故。但如果能够研究出"倒飞错觉"的成因,同时在训练飞行员时增加相关的训练,便有助于飞行员消除错觉,避免发生事故。

再如,建筑师和室内设计师常利用人们的错觉创造出比原本看起来更大或更小的空间。如果把一个较小房间的墙壁涂上浅色,然后在屋中央摆放一些较低的沙发、椅子和桌子,就会让这个房间看起来更宽敞。

美国宇航局设计的太空舱的内部环境，就能使身处其中的宇航员产生一种愉悦感；电影院和剧场的布景与光线也是经过精心设计的，目的是让观众享受到更好的舞台效果。

总之，错觉虽然奇怪，但只要我们正确地运用它，对于我们来说，或许是一件好事。

09 极简法则：幸福来自给生活"做减法"

人们非常乐意把自己的生活填充得满满当当，导致衣柜里挂着没穿几次的衣服，冰箱里堆满过期的食品，书架上放着从未翻开的图书……生活被占满的同时，人也感到很疲惫。

幸福的生活来自"做减法"，心理学上称为"极简法则"。

在物质生活极其富足的今天，人们的生活也被填充得满满当当，看不完的综艺、淘不完的新鲜玩意儿、听不完的流行音乐、吃不完的各类美食……林林总总的新鲜事物占据了生活的大部分，几乎每天的时间都不够用。

可当我们忙碌了一天终于闲下来的时候，你是否也会思考一下，生活的本来面目是什么？没错，是简单。有句话叫：幸福来自给生活"做减法"。

有无数作家、学者都曾在书中和公开场合提及过极简生活的概念，并且倡导大家过极简生活。就好像美国社会运动家杜安·艾尔金所说的："我们可以将自求简朴称为一种外在越俭朴、内心越富有的生活方式，这是一种最真实、最鲜活的方式，带给我们与生活直接且有意识的接触。"

同样的道理，古代先贤庄子在《逍遥游》中也说："鹪鹩巢于森林，不过一枝；偃鼠饮河，不过满腹。"意思是，鹪鹩在森林里筑巢，林子再大，也不过只能占其中一枝；偃鼠到黄河里饮水，黄河再大，也只能喝掉灌满自己肚子的那么多水。

几千年前，哲人先贤就已经把生活的智慧教给了我们：太多的物质杂念，对我们毫无益处。

我曾经看到过这样一则故事：

> 一户人家打算做一次家庭大扫除，他们准备从车库开始清理，但是很快他们发现，东西太多，而且堆叠得杂乱无章，整理起来既烦琐又困难。
>
> 大扫除耗费的时间比预期长了很多，就在他们苦恼该怎么办的时候，邻居说了一句："你拥有的越多，被占的地方也就越多。"
>
> 这句话让这家人突然醒悟过来，并且打算改变自己的生活方式。

其实很多人都有这样的困扰，而这种困扰就是因为我们有太多舍不得扔掉的东西，堆久了，就陈旧了。可有时候，拥有的越多并不等于越幸福。只有清除掉那些对自己无用的东西，然后集中精力处理剩下的，才会获得更轻松、更自在的人生。

在这件事情上，乔布斯是一个引领人：

> 乔布斯一直提倡"极简主义"，他相信"少即是多"的哲学思想，极简主义渗透到苹果产品的设计及他个人的生活中，他一生都在践行着极简主义。

当然，还有许多成功人士也都在给自己的生活做减法：

> Facebook 的创始人扎克伯格曾在 Twitter 中晒出了一张他衣橱的照片，并配有"假期结束后第一天上班，我该穿什么呢？"的文字。
> 　　衣橱里挂满了数件浅灰色 T 恤与数件深灰色连帽衫，再无其他衣物，身价数百亿美元的扎克伯格的穿衣风格向来简约单一。
> 　　毫无疑问，扎克伯格是极简主义生活的忠实倡导者。他上班时开的车是 1.6 万美元的本田，永远穿着灰色上衣搭配牛仔裤，以至于员工都以为他从来不换衣服。
> 　　扎克伯格无疑是我们眼中的成功人士，拥有令人羡慕的一切，但他恰恰一直都在做减法，他的人生是幸福的，因为他对物欲控制自如，而不是被物欲所捆绑。
> 　　同时，约书亚·贝克尔，一位美国的"高富帅"。他已经非常成功了：年薪百万，名下有 150 家店铺，有一个美丽的妻子，22 岁就已经拥有了豪宅名车，想

买什么就买什么,从来不用担心钱的问题。

但是他发现,自己的生活并不幸福。

他用昂贵的礼物维持亲情,但最终家庭还是出现了危机。他发现是无止境的物欲让生活变得混乱,让自己忘记了最珍贵的东西。于是,他毅然辞掉了年薪百万的工作,清理掉内心杂乱的思绪,同时也清理掉家里无用的东西。

做完这些事情之后,他有了大把的时间,可以慢悠悠地做一餐美食,来一场说走就走的旅行,花一个下午的时间陪伴家人。

同时,他打小就想当一名作家,却一直没时间拿起笔。现在终于付诸行动,两年后他真的成了一名畅销作家。

还有一个人叫瑞恩,是约书亚·贝克尔的老友,他从高管位置被辞退后,萎靡不振,后来受到了约书亚·贝克尔的感染,决定开始极简生活。

他花了整整 8 个小时,把家里的所有东西全部打包进几个大箱子中。之后的每一天,瑞恩只从箱子里拿出需要用的物品。21 天之后,还在箱子的东西就是需要舍弃的。最后,瑞恩只留下了必需品。

瑞恩带着剩下的东西搬进了新家,开启了全新的生活。在这之后,他说:"我竟然第一次感觉到了富有。"

你看,舍弃了物质的杂乱和过度负荷,贝克尔和瑞恩的生活变得更加轻松有趣。后来，他们决定把这种"幸福的秘诀"传递给全世界。于是，The Minimalists（极简生活网站）就诞生了。

贝克尔和瑞恩倡导的极简主义，从美国传播到欧洲，再到全世界，更多的人开始给自己的生活做减法，变得更加幸福。于是，他们写了一本书分享他们的这段经历，书名就叫《极简主义》。

说了那么多，极简生活到底是怎样的呢？其实，就是让我们学会摆脱金钱、地位、身份、荣誉等枷锁，将自己的精力集中在最重要的事情上，过上有意义的生活。

那么，怎样给自己的生活做减法呢？很简单，学会"扔东西"就可以。

日剧《我的家里空无一物》中，女主角麻衣号称"扔东西狂魔"，只要让她觉得多余的东西或者不常用的东西，她都会扔掉，就连订婚戒指都不需要了。

可在此之前的麻衣是个"囤积狂魔"：没水的笔也要放回抽屉里，觉得它有独一无二的回忆；家里被乱七八糟的东西填满，客人来了连个坐的地方都没有。

可有一次，大地震的时候，麻衣在满屋杂物里连救命的水都找不到，她说了一句话让人颇有感触："多余的东西会断送你的性命。"

于是麻衣开始做减法，而且越做越爽，生活最终变成了"极简风"，这让她轻松了很多。

虽然说生活中的囤积不至于让我们断送性命，但着实会浪费我们大量的时间和精力。比如，多余的东西多了，重要的物品就会被淹没。同样，太多的物欲会让人的内心混乱。

我们看到好看的衣服就会买回家，然后花大量的时间整理衣橱，可是，常穿的衣服就那么几件，有时为了一件衣服，还得翻箱倒柜地找，找不到还会抓狂。等东西找到了，时间浪费了，好心情也被消耗了。

学会"断舍离"，扔掉无用的东西，只留下生活必需品。

开始"断舍离"之后，你会发现，房间整洁了，空间广阔了，用来寻找物品的时间减少了，办事效率提高了，幸福感油然而生。但要注意，极简主义不是要你把所有的东西都扔掉，而是要你穿越物质的海洋，找到真正需要的东西。

来看一个故事，你就明白了：

薛忆沩，是国内一个特立独行的作家，他觉得体制束缚了他的自由，于是他开始把自己的生活简化，成为人们眼中的"异类"。他搬到了在地球另一侧的双语城市蒙特利尔，每天用步行或者跑步代替公交和出租，一直坚持着规律、健康的生活方式。

学工科的他，很少看手机，刻意远离社交工具，也远离各种娱乐游戏软件，不在泛滥劣质的信息中耗费时间；控制自己的社交，净化自己的社交圈，冷峻地审视着现实生活中的喜怒哀乐，把这些感悟和体会融进自己的文字和作品。

他的作品最终被大众所喜爱，跟他一直以来的极简生活离不开。

当然，其实我们没必要做得这么极致，但是在生活中，无论是物还是人，该取该舍，实在值得反思。

比如，范仲淹写下的"不以物喜，不以己悲"，就是在强调我们应该脱离物欲对自我的控制，不被物质左右悲喜；再如，陶渊明不为五斗米折腰，毅然决然地回到乡间日出而作、日落而息，回归田园的本真，这些都是在给生活做减法。

极简主义，就是让我们将多余的事物丢掉，专注于我们人生中最重要的事物。丢掉那些没用的东西，丢掉那些负担和多余的想法，追求极简的生活，会让你不再受物质欲望的摆布，使你的精神世界更加丰富多彩。

学会给生活做减法，就能体会到更多用言语无法描述的美好，只有自己真正地去做了，才能更加接近生活的本质，才能更加清楚地知道自己生活的意义所在。

因此，让繁杂的生活从舍弃开始，我们的终点才是更有意义的人生。让我们取回自己对生活的控制权，感受极简的幸福。

10　灯塔效应：不同的目标就会有不同的结果

大学毕业之后，每个人的选择都不一样。有的人选择继续读书，有的人选择创业，有的人则选择找一份工作……各种各样的选择，使得大部分人最后的成就也大不相同。

这就是目标的重要性。

选择不同的目标造成的不同结果，在心理学上有一个专业的名字，叫作"灯塔效应"。

灯塔效应有这么一个实验：

实验分为三组成员，他们要分别沿着不同的道路行走10公里，然后到达目的地——一个村庄。

第一组成员，既不知道村庄的名字，也不知道距离村庄的路程，他们只要跟着向导走就行了。结果就是，这组成员才走了两三公里，就已经有人开始叫苦了；等走到一半时，更是有人开始发脾气，抱怨为什么要走这么远。更离谱的是，有的成员甚至坐在路边不愿意继续走下去。越到后面，这组成员的情绪就越低落。

第二组成员，知道村庄的名字和路程，但由于路途中没有里程碑，他们只能凭自己的经验去猜时间和行程。大约走到一半时，就有人开始想知道他们走了多远，有经验的人说："大概走了一半的路程吧。"于是大家又继续前行，当走到全程的四分之三时，大家的情绪已经非常低落，有的人觉得身体疲惫不堪，但路程还很长，不想走了。然而当有人喊"就快到了"的时候，大家又精神满满地继续走了下去。

第三组成员，不仅知道村庄的名字和路程，而且公路上每隔一公里就有一块里程碑。他们边走边看里程碑，每缩短一公里就像完成了一个小目标。并且，行程中他们用歌声和笑声来消除疲劳，情绪一直很高涨，所以很快就到达了目的地。

在这个实验里，有一个很明显的对比：有目标的人比没目标的人走得更轻松，目标清晰的人比目标模糊的人走得更快。

通过这个实验，人们发现，灯塔效应在人的一生中是重要的存在，这就印证了我们常说的一句话：有目标才有动力。

船在大海中航行时，灯塔就好像它的眼睛，指挥它驶向正确的方向。其实，人也是一样，如果没有人生目标作为灯塔去指引我们前行，那么我们就会失去方向，原地踏步。

管理大师彼得·德鲁克在《管理实践》一书中说过：每个人

都会因为目标不同和获取的方式不同而得到不同的结果，一个没有目标的人就会失去前进的方向和动力，碌碌无为终其一生。

我们不妨来看一个结果的对比，故事是这样的：

> 一位记者到建筑工地采访时，就近采访了三个正在施工的建筑工人，问："你们在做什么？"
>
> 第一个建筑工人头也不抬地回答道："我正在砌一堵墙。"第二个建筑工人习以为常地回答道："我正在盖一座房子。"第三个建筑工人则神采飞扬地回答道："我正在为建设一座美丽的城市而努力！"
>
> 记者觉得同一个问题，三个建筑工人却给出了不一样的回答，非常有趣，就整理到了自己的报道中。很多年以后，当记者在整理过去的采访记录时，突然间看到了自己这篇有趣的报道。于是，他产生了一种再次采访这三个建筑工人的想法。
>
> 当他再次找到这三个建筑工人时，这三个人不同的境遇令他大吃一惊。当年头也不抬回答他问题的建筑工人，现在还是一个普通的建筑工人；第二个建筑工人，现在是在施工现场拿着图纸的设计师；而第三个建筑工人现在已经是一家房地产公司的老板。

你看，人对目标的认知也影响着一个人取得多大的成就。第一个建筑工人只看到眼前的目标，他做出的成果也只是眼前的目标；第二个建筑工人的目标相对第一个建筑工人比较有远见，但也只是看到了一部分，他做出的成果比上不足、比下有余；第三个建筑工人则看到了很少有人注意到的部分，所以他最终有了很大的成就。

可见，当我们有了目标之后，不要觉得有了目标就够了，而是应该把目光放长远，设定长远目标并为之奋斗，这样才能够真正比别人走得更远。

可即使有目标，如果只做口头上的巨人，不去行动也是没有用的，我们再来看一个故事：

> 1992年4月，全球零售业巨头沃尔玛创始人沃尔顿在自己的病情迅速恶化的时候，制定出了在2000年使销售额达到1250亿美元的发展目标。不久后，沃尔顿便离开了人世。
>
> 可这个目标像磁石一样，引领着沃尔玛的员工不断向前迈进。2001年，沃尔玛终于以2100亿美元的销售额荣登全球500强榜首，实现了沃尔顿的梦想。虽然沃尔顿没有亲眼看到这样的结果，但是他为企业制定的目标就像灯塔一样指引着大家往一个方向努力。

这就是灯塔的作用。

你看，一个人或者一个企业如果光有目标而不行动，只会做白日梦，生活并不会有多大的改变，甚至越过越糟糕。但如果拥有了目标，再施以行动，心中的目的明确，你就明白接下来你所有力气所使的方向，就会让你更快实现目标。

可见，想要我们的目标开花结果，就要耐心地去种植、去浇灌。心理学家研究表明："当人们的行动有了明确的目标时，人们行动的动机就会得到维持和加强，就会自觉地克服一切困难，努力实现目标。"

因此，我们要让自己的行动跟得上我们的目标，就需要我们将远景的目标划分成眼前一个个小而明确的短期目标，使我们的前进如同登楼梯一般，一层一层地往上走。

分享一个故事：

美国财务顾问协会的总裁沃克曾经被人问道："到底是什么因素使人无法成功？"沃克的回复是："模糊不清的目标。"在沃克看来，模糊不清的目标犹如"我希望有一天可以拥有一栋山上的小屋"，什么时候拥有，怎么拥有，这是模糊不清的，但如果这句话能换成"我要先找到一座山，考虑5年后这栋小屋的价值，然后每个月开始赚钱、存钱"，不久后你的梦想就真的会实现。

因此，沃克的成功秘诀是，抛弃徒劳的幻想，以实际行动分解目标。

"不积跬步，无以至千里"，当我们在制定目标的时候，一定要区分长期目标和短期目标，让我们把那些看似遥不可及的长期目标化解成一个个现下可以轻易实现的短期目标，那么再棘手的事情，逐个击破，也会被解决掉。

不同的目标有不同的结果的另一层含义是，很大程度上，结果是由行动决定的。因此，行动起来吧，去实现目标很重要。

有一句话说得很好："人不可能踏进同一条河流。"这句话潜藏的意思就是，每个人的人生道路都是不一样的。

有的人从政，有的人从商，有的人成为小职员，有的人成为科学家。不知道你有没有发现，但凡有成就的人，他们的身上都有一个很明显的标志，那就是他们从一开始就有了自己的目标，并为自己的这些目标一直努力着。

去寻找你人生中的灯塔吧，让它指引着你走向属于你的方向。

第四章

墨菲定律的为人处世之学

01 登门槛效应：没有人一开始就会帮你大忙

你有没有遇到过这样的事？明明最开始只是答应帮他人一个很小的忙，结果到后来却不自觉地答应了对方很多要求。

在我们的生活中，这样的事其实是很常见的。你以为这是你自己的问题吗？其实不然，这是心理学上的"登门槛效应"在发挥作用。

美国社会心理学家弗里德曼与弗雷瑟做了这样一个实验：

他们安排了两个大学生随机到一些家庭主妇的家中，并要求她们在家里的窗户上装一个小的招牌，或者帮忙签一份关于提倡"美化环境"或"安全行驶"的请愿书。

对于这些力所能及的小事，这些家庭主妇都很自然地答应了。两周之后，弗里德曼与弗雷瑟又安排了其中一个大学生再去一次之前的家庭主妇的家中。这一次，他们提出的要求是：在她们家门口放上一块巨大且与环境格格不入的广告牌，广告牌的内容还是"安全行驶"或是"美化环境"。

家庭主妇们在听到这个要求之后，都有一些犹豫，但最终她们还是选择了同意。

同时，弗里德曼与弗雷瑟还安排了另一个大学生去之前从来没有拜访过的家庭主妇的家里，然后直接提出要放巨大广告牌的要求，结果这个大学生被这位家庭主妇毫不犹豫地拒绝了。

为什么会这样？因为人们对自己已经熟悉的人很难做到"拒绝"。

通过这个实验，弗里德曼与弗雷瑟提出了"登门槛效应"，他们认为，对于一些很难做到的事情，人们拒绝是很自然的，但是当他们一旦开始接受某种自己可以接受的小要求时，接下来的大要求他们也很难拒绝。

换句话说，人们大多不愿意接受困难的和较为复杂的请求，因为它费时费力还不容易完成，相反，人们乐意接受容易达成的小请求。

出现这种情况的原因是，如果人们在对小请求找不到拒绝的理由时，他们就会偏向于同意这个要求，于是后来在他们面对更大的要求时，认知上就会出现压力，迫使他们继续同意下去。

为了证实这个效应，有人还做过这样一个实验：

实验者让自己的助手到两个小区的居民面前，劝说他们同意在自己家的房门前竖立一块"小心驾驶"的大牌子。

助手在第一个小区直接向人们提出这个要求，不出意外的是，几乎所有人都拒绝了这个要求。于是，助手在第二个小区先让大家签一份同意挂牌子的请愿书，因为这个要求十分小，于是几乎所有人都签字同意了。

过了几周之后，助手又向这个小区的居民提出挂牌子，结果，居然超过半数的人都同意这样做。

你看，登门槛效应就是在层层递进中，从小要求出发去达到自己的目的，效果就如这两个实验一样显著。可见，如果你能够运用好这个效应，那么你成功的概率一定大得多。

分享一个故事：

日本选手山田本一身材矮小，一直名不见经传。可 1984 年的日本东京国际马拉松邀请赛和 1986 年的意大利国际米兰马拉松邀请赛中，他却意外地获得了两次冠军。

这让人们产生了很大的疑惑。直到十年之后，山田本一才揭开了谜底。原来他每次比赛之前，都要先乘车把比赛路线仔细看一遍，并把醒目的标志记下来，如银行、大树、红房子等，直到终点。

这样的好处是，比赛一开始，他便朝着一个一个小目标往前冲，四十多公里的赛程，就在这一个又一个小目标中，轻松跑完了。

你看，这就是运用登门槛效应的例子。把目标分解成不同的小目标，你就可以朝着小目标顺利地前进，从而到达目的地。

在生活中，有很多事情我们都是可以利用登门槛效应去解决的。

比如，当销售人员想要去推销一件产品时，一般都不会直接跟顾客说一定要买下这件产品，而会对自己的顾客介绍产品的用途及性能，并且会对顾客说产品有多合适。

如果到了这个时候，顾客还是没有购买意向的话，销售人员一般都会送顾客一些免费的试用装，让顾客先试用。为什么要这么做？因为很少有人拒绝免费的东西。于是，当你试用了之后，你就慢慢走进了销售人员的"圈套"。

也就是说，登门槛效应运用到我们为人处世上面就是，我们不应该追求一次到位的东西，而是应该先将自己的需求从低到高排序，并依次向自己寻求帮助的人提出，目的就很容易达成了。

曾经看过这样一个故事，让我印象深刻：

> 有个小和尚跟着师父学武功，可学了很久，师父还是什么都没有教他，只是让他去放猪。
>
> 小和尚每天早上都要在庙前的一条小河前把小猪一头头抱过去，等到傍晚时再一头头抱回来。
>
> 就这样，小和尚在不知不觉中练就了非常厉害的臂力和轻功，他这才明白师父为什么要让自己天天放猪。

虽然这是一个十分短小的故事，但是它却是登门槛运用到日常生活中的一则非常经典的案例。师父利用登门槛效应，让小和尚每天抱着小猪来回跑，看似是一个非常小的要求，但正是因为小要求，小和尚一下子便接受了，于是才有了后续的循序渐进，就这样轻松地让小和尚达到了目的。

可见，正确利用登门槛效应是值得我们每一个人学习的，无论是人际关系，还是生活工作，它都能够给我们很大的助益，但前提是，我们要懂得，没有人一开始就会帮你大忙，也就是说，任何大目的，都需要先以小要求来支撑。

用一句我们很熟悉的古诗词来形容这个效应："随风潜入夜，润物细无声。"登门槛效应就是这样在潜移默化中慢慢帮我们达到目的的。

因此，当我们想要跟别人打交道的时候，不要一开始就把我们的目的摆出来,而是一点点、慢慢地去渗透,直到对方同意帮你小忙,进而同意帮你大忙。

简单来说就是,如果我们需要寻求帮助,那么一开始先不要告诉对方自己的最终目的,而是先从小事开始,慢慢吸引对方。如果想要在人际关系上获得别人的好感,那么我们可以从小事情开始,吸引别人的注意力,慢慢地打开新格局,让对方在这些小事中被你软化。

记住,没有人一开始就会帮你大忙,也没有一个目的一下子就可以达到。

02　三明治效应:打个巴掌给个甜枣

我们都听过这样一句歇后语:"打个巴掌给个甜枣。"这句话的意思是说,一个人先说了对方很多不好的地方,然后又用甜言蜜语哄他。这样做的结果是,对方并不会生气,相反,他还会虚心接受他人对自己的批评。

在批评心理学中,有个叫作"三明治效应"的现象,和这句歇后语的意思很像。

有一种批评方式,它的结构像三明治一样,不仅保护了受批评者的自尊和自信,还使对方认识到自己的缺点和不足,坦然地接受批评,并且下定决心改正错误。它的要点是这样的:

第一层是表扬,代表欣赏、认同、肯定对方的优点或长处;

第二层夹杂着建议、批评、指责等观点；

第三层代表着支持、期望、信任、鼓励等正面的观点，让人听了绝不会垂头丧气、心情低落。

我们发现这种现象就像三明治一样，分为三层，两句好话中夹杂着一句批评，从而使受批评者对于自己的错误就很容易接受了。

于是，三明治效应就这样诞生了。它给人们的启发是：聪明的人在批评别人的时候，经常把批评的内容夹在两个表扬之中，也就是先表扬，再批评，最后再表扬。

三明治效应为什么能够达到这么好的效果呢？

我们首先来认识一下三明治效应的第一层。它的作用是让对方的防卫心理被击破，这样才能够把一开始的气氛营造好，从而让对方静下心来和我们进行真正的交流。如此，当我们开始第二层的建议和批评时，对方也更容易听进去。

试想一下，如果你张口就直接批评，而且语气严厉，那么对方就会很难接受。同时，为了保护自己，对方必然会条件反射地产生抵抗反应。而一旦他有了抵抗的意识，就很难再接受后面的建议和批评了。

当我们说完第二层的建议和批评之后，为什么要进行第三层呢？因为三明治的最后一层能很好地鼓励受批评者。试想，批评是带着一定打击性质的，人听完之后肯定会心情郁闷甚至产生消极情绪。这时我们用最后一层的鼓励、期望、信任和支持，就相当于给对方吃了一颗定心丸，使受批评者受到了鼓励，加强了自信心。这样不仅使他们接受了建议或者改正了错误，也让他们对未来充满了信心。

你发现没有，三明治效应是一个很给受批评者留足面子的聪明做法。来看下面这个例子吧，你就能够发现三明治效应的高明之处了：

> 周雅君、赵玉在两家公司上班，这天两个人同时迟到了半个小时。
>
> 张经理对周雅君说："周雅君，你一向表现得都挺不错的，最近怎么迟到了三次？是身体不舒服吗？如果生病了就要及时去医院治疗。迟到按规定是要扣工资的，谁都不能例外，我想你不会无缘无故地迟到。假如你家里有什么事情，你可以跟我打个招呼，我们大家都会帮助你的。周雅君，你很有前途的，好好干吧！"
>
> 周雅君听了张经理的话，既羞愧又感动，从这以后再也没有迟到过。
>
> 王经理在看到赵玉迟到了半个小时后，愤怒地说："赵玉，你睁开眼睛看看，现在几点了？我不管你是出于什么原因迟到的，迟到就要扣工资！这段时间你已经迟到三次了！你是不是不想干了？不愿意干就走人！"
>
> 赵玉听了王经理的话，觉得很没面子，半个月后便递交了辞呈。

你看，同样是处理员工迟到的问题，两种不同的话呈现了截然不同的结果。对比之后，我们会发现，张经理在批评员工之前，先表扬了一番，然后才正经地说公司的规章制度以及批评，最后还要给员工送上温暖和鼓励。

这样两句好话中夹一句批评的话，能够让员工欣然接受。

王经理却很直接，一上来不管三七二十一，张嘴就是批评，不给对方留一丝余地，对方只能接收到消极的信号，于是更消极了。

因此，三明治效应在社交场合中发挥着不可多得的调剂作用。我们应该熟练地掌握其核心要领。比如，在一开始的时候，我们就应该控制自己的怒火，找到别人优秀的地方进行表扬。

分享一个故事：

美国历届中有一位少言寡语的总统——约翰·卡尔文·柯立芝，被人们称作"沉默的卡尔文"。其实这个称呼不是很适合他，因为他的话虽不多，但是深谙说话的艺术。值得一提的是，他有一位高颜值的粗心女秘书。

卡尔文想改掉秘书的这个粗心的毛病，因为这给他带来了很大的困扰。这天早晨，卡尔文看到她走进办公室，穿着甚是迷人，开口称赞道："你今天的这身装扮真漂亮，很适合你这样的丽人。"不等秘书回复，卡尔文继续说道，"但是即便这样，你也不要骄傲，我相信你的工作能力也能和你的穿着打扮一样漂亮。"

从那天的对话之后,女秘书果然很少出错了。

有人请教卡尔文说:"总统先生,您这个方法太妙了,是如何想出来的呢?"卡尔文说了一句很经典的话:"这很简单,你看见过理发师给人刮胡子吗?他要先给人涂肥皂水,为什么呀,就是为了刮起来使人不痛。"

你看,语言是一种艺术,同样的话,换个方式说出来,会让人更加容易接受。这就是为什么人们对于直截了当的批评会如此反感。因为无论是什么样的批评,它从一开始就把对方的心理防线给破了,对方自然会给你打上"敌人"的标签。敌人说的所有话,自然没有人会听得进去。

可见,批评时的说话技巧也是三明治效应发挥最大作用的原因之一。如果我们在对对方进行批评的时候能够在说话方式上讲究技巧,那么这个批评就会事半功倍。

例如,一般批评是:你怎么这么蠢!

可有技巧的表达是:这蠢得可不像平时的你哟!

两句话同样在说别人蠢,可产生的效果却大不相同。

因此,当我们在运用三明治效应批评别人的时候,一定要注意批评的技巧,要先从对方的立场出发,先去肯定别人、鼓励别人,树立起你们是一个阵营的感觉,对方才能听得进去。

在人际关系中,嘴发挥着非常重要的作用,可谓是"成事一张嘴,败事也一张嘴"。

一个会说话的人,更容易被别人喜欢,更有可能轻松拿下巨额大单,而一个不会说话的人,往往凭着一张嘴把所有人都得罪了。

如果想要批评一个人，高情商的人会用三明治效应，以"表扬＋批评＋表扬"的方式不着痕迹地给受批评者留足面子和台阶下。

用好的方法，远比用笨拙的语气，更能够让你得到别人的喜欢。

03　首因效应：良好的第一印象是成功的一半

我们看电视剧时，总是会因为片中良好的人物造型而点进去看；面试时，身着正装、带了简历的人比穿着随意、不带简历的人给面试官的印象更好；相亲时的第一眼，可能决定着这场相亲能否成功。

这是为什么呢？

因为良好的第一印象是成功的首要条件，这个现象对应了心理学中的"首因效应"。

美国心理学家卢钦斯做了一个实验：

他编撰了两段文字：一段文字是，吉姆被描写成热情并外向的人；另一段文字则相反，吉姆被描写成冷淡而内向的人。

卢钦斯把两段文字组合了一下：

第一组，描写吉姆热情外向的文字先出现，描写吉姆冷淡内向的文字后出现；第二组，描写吉姆冷淡内向的文字先出现，描写吉姆热情外向的文字后出现；第三组，只显示描写吉姆热情外向的文字；第四组，只显示描写吉姆冷淡内向的文字。

随后，卢钦斯让四组被试者分别阅读这段文字材料，然后回答一个问题："吉姆是一个什么样的人？"

结果发现，第一组被试者中有 78% 的人认为吉姆是热情的人，第二组中只有 18% 的被试者认为吉姆是热情的人，第三组中有 95% 的被试者认为吉姆是热情的人，第四组中只有 3% 的被试者认为吉姆是热情的人。

通过这个实验，心理学家卢钦斯提出了"首因效应"。他认为，先呈现出来的信息比后呈现出来的信息对人的影响更大一点。

生活中，首因效应的应用常常存在。大多数人评价一个人是先从他的穿着、相貌开始的，这也解释了为什么我们会被好的人物造型吸引住眼球，会对拿了简历、穿了正装前来面试的人更有好感。

总之，首因效应提醒我们，好的第一印象能够让你成功 50%，因此，无论做什么，给人留下美好的第一印象尤为重要。

分享一个故事：

著名主持人杨澜在国外找工作的时候，被一个面试官果断地拒绝了。面试官是这样回答她的："你的形象与你的简历不相符。"话说完之后，面试官还没有等杨澜说话，就终止了这一次的面试。

那时的杨澜并不知道自己失败的原因，后来，她的房东太太莎琳娜总是对她要求很苛刻：12 点之前熄灯睡觉，只有 10 分钟洗澡时间，进入客厅必须穿戴整齐，还不准杨澜用厨房做中餐，甚至还要杨澜在有客人来的时候涂口红。

杨澜对此很不理解。但面试失败后，她只能再一次看起了招聘信息。那天，她刚洗完头发，一边坐在床边吃东西，一边看招聘信息。这时，房东太太看见了，对她大吼："你这个毫无素质的女孩，你滚出我的家！"于是，披头散发、睡衣外面裹着大衣的她就这样被赶出了大门。

这时，杨澜才明白："第一印象比能力更重要。"

你看，在很多人看来，能力和成绩是成功的条件，但能力、成绩数一数二的杨澜，还是吃了第一印象差的亏，甚至连一个证明自己的机会都没有得到。可见，认清自己的能力的同时，也要做好自己的第一印象的管理。这无论是对别人，还是对自己，都是十分重要的。

那么什么是第一印象呢？心理学家认为，第一印象主要包括性别、年龄、衣着、姿势、面部表情等外部的、别人可以轻而易举看到的特征，因为有些东西是无法刻意装出来的。

在第一印象的影响中，55%来自外表，包括衣着、发型等；38%来自仪态，包括举手投足间传达出来的气质，如说话的声音、语调等；而剩下的7%来自谈话的内容。

一个人在体态、谈吐、姿势上反映了其内在的修养和个性。例如，暴发户永远装不出世家子弟的优雅，没受过文化熏陶的人永远装不出文化人的涵养。

因此，首因效应实际上是一种主观的信息处理，其对于我们的人际关系是非常重要的一个影响。

曾经看过这样一个故事：

> 一个新闻系的毕业生正在找工作，有一天，他到报社问一个总编："你们需要编辑吗？"
>
> 总编回复他不需要，他又继续问："记者呢？排版、校对呢？"他接连问了几个问题，总编都回答："不，我们现在哪个岗位都不缺人。"
>
> 但这个毕业生并没有放弃，只见他拿出一块精致的小牌子，上面写着"满额，暂不雇用"。
>
> 总编看了看牌子，又看了他一眼，瞬间笑了出来，并告诉他："如果你愿意的话，欢迎来到我们的广告部工作。"

你看，毕业生通过自己制作的牌子，给了总编一个机智乐观的第一印象，从而让对方产生好感，为自己赢得了一份满意的工作。可见，正确利用好首因效应在人际关系中可以起到非常微妙的作用。

这就好比有一些人讨厌吃榴梿。因为他们吃过吗？并不是。他们只是最开始闻到它的味道就给榴梿下了断定，也从来没有真正品尝过。而事实上，虽然榴梿闻起来臭，但吃起来香。这就是第一印象的影响。

因此，我们一定要明白，什么样的身份去做什么样的事情，我们在此之前，一定要把自己的整体形象打造成那个样子。不能说，我要去工地搬砖还穿西装，我去写字楼上班却穿厨师的服装，那样会让人觉得你从一开始就是不靠谱的人，自然也不会把重担托付给你。

有人认为，老一辈人看人的眼光很准。这是因为他们经历的事情多，有阅历，可以通过第一眼看到人的穿着、相貌、言行就知道这是一个怎样的人。

正如美国前总统林肯曾说过："一个人过了四十岁，就应该为自己的面孔负责。"第一印象在很多人眼里，就等于你这个人的样子。因此，我们必须通过提高自身各方面的修养，来装饰自己的整体形象，为自己的成功奠定好基础。

我找到了几条保持良好第一印象的小方法，也许你们能用得着：

关于穿着，服饰不必过分考究复杂，只要不邋遢，给人干净整洁的印象就好；关于行为，不必太刻意去顺从，只要知礼守礼，给人谦和的印象就好；关于语言，不说人是非、不揭人短处，真诚善意，与人只说该说的话、不搬弄是非就好。

总之，我们只有把第一印象重视起来，才能在与人打交道的时候，让别人先认可我们，才好继续往下交谈。

04 相悦法则：一个巴掌拍不响，感情需要互相喜欢

大部分人都很喜欢狗，看起来好像是因为狗狗的可爱，但其

实不然。事实上狗狗跟我们在一起的时候，通过开心地摇尾巴和热情地舔舐，把它们的爱传递到我们的心里，引起了我们的喜爱，于是，我们才对它们产生了喜欢。

也许你会觉得十分不可思议，其实不用十分惊讶。

因为这样的过程在心理学上有一个名词，叫作"相悦法则"。

心理学家阿伦森曾做过一个实验：

阿伦森让一个新员工，也就是实验成员，分别对两名老员工作出截然相反的评价，对其中一名评价极高，对另一名评价极低。这两名老员工都认识实验成员，而且在巧合的情况下听到了实验成员对自己的评价。

当他们三人的工作产生交集的时候，两名老员工的表情和心理就有着很大的不同。听到优质评价的老员工，每次见到这个新人都是微笑相迎，而且十分愿意教给他一些经验技能。而另一位老员工，也就是听到差评的那位，则十分厌恶这名实验成员。

实验数据证实：被喜欢的人会更加喜欢自己的同伴，而不被喜欢的人，态度则相差甚远。

通过这个实验，心理学家提出了"相悦法则"，它是指在同样的情况下，我们会更喜欢同样喜欢我们的人，而不是更喜欢讨厌我们的人。简单地说就是，要想让一个人喜欢你，那么首先你要让对方感受到你对他的喜欢。

从喜欢引起喜欢，达到感情的相悦性，这个现象在生活中很常见。

例如，当你遇见一个莫名其妙讨厌你的人时，你会莫名其妙地讨厌他,哪怕这个人曾经是你的朋友,你也会慢慢地和他疏远。可如果你遇到一个对你十分欣赏和喜欢的人,你却无法拒绝对方的靠近,也控制不住你对他的"喜欢",当然这种喜欢并不仅仅局限于爱情,它是一种普遍的情绪。

总之,只有互相的喜欢,才能建立一种和谐关系。因此,通过相悦法则,我们可以改变很多我们与他人之间的关系。

戴尔·卡耐基在《人性的优点》中讲过这样一个故事:

美国魔术大师舍斯顿,40年魔术生涯,销售了6000万人次的票,表演了无数个令人印象深刻的魔术。

他曾经说:"我的成功与教育没有太多关系。我的优势在于能在舞台上展示自己的个性和热爱台下的观众。"

他从小就流浪,识字课本是铁路上的标志,魔术知识则是这么多年来一点一点积累所得。不过比起这些,他的观察力是最令人惊叹的。他在表演的时候会观察观众的视线和神态,并且调整自己的动作和语气,以此达到和观众的共鸣。

他能成功的另一个也是最重要的一个原因是热爱台下的观众。当时大多数魔术师都会觉得台下的观众很好糊弄,从而对观众没有多少热爱和尊重。舍斯顿不同,他每次上台之前,都在心里默念几遍"我爱我的观众"。而且会在表演开始前或者结束后对观众解释:"我有理由喜欢和感激你们,我必须把我的看家本领拿出来，尽力让你们感到快乐。"

观众感受到了他的喜欢和热爱，自然也会买他的票，关注他的表演。

你看，当我们发自内心地去喜欢一个人的时候，愉悦的感觉便会通过表情、动作等非语言的行为表达出来，而我们所喜欢的人会从这些表现中感受到我们的爱，他们便也会逐渐喜欢上我们。

因此，要想获得他人喜欢的前提是，真心去喜欢对方。

曾经看过这样一个推销的故事，让我印象十分深刻：

有位推销员打破了吉尼斯世界纪录，被称为"世界上最了不起的卖车人"，他就是乔·吉拉德。吉拉德平均每天都能销售 5 辆卡车，对此有人请教过他的成功秘诀。他的回复是："我会做到先让顾客喜欢我，进而才是喜欢我推销的产品。"他在每个节假日都会给 1 万多名顾客送去问候卡片，而卡片上是同一句话：我喜欢你。

吉拉德这种超乎常人的坚持为他赢得了顾客的青睐，卡片每年都会准时出现在顾客的邮箱中。他创造了连续 12 年都是销冠的奇迹，年收入超 20 万美元。

你看，简单的一句"我喜欢你"其实很少有人愿意表达出来，可这是最简单的告诉别人自己喜欢他的途径。可见，真心喜欢别人，我们可以通过简单表达"我喜欢你"来让他人接受。

例如，我喜欢你今天穿的这件衣服，我喜欢你这辆车，我喜欢你的眼光，等等，在一系列可以夸赞的东西面前，我们都可以加上"我喜欢你……"，让别人感受到自己所精心挑选的东西，被你认可，自然就会引发"从喜欢到喜欢"的相悦法则。

这一点，胶卷的发明者柯达公司的创始人乔治·伊斯曼值得我们学习：

> 艾达逊是一名业务员，当时他在找项目的时候遇到了乔治·伊斯曼，两人因为一场生意成为好友。
>
> 起初是伊斯曼有为自己的母亲建造一座剧院的需求，而艾达逊听说了这个项目，想要承包剧院的座椅。艾达逊通过建筑师联系到了伊斯曼，然而伊斯曼很忙，而且脾气很差，一般都只给业务员留出5分钟的时间作自我介绍。如果5分钟之内艾达逊不能讲清楚项目，那么这个项目多半就黄了。
>
> 艾达逊跟其他业务员的不同之处在于，他进门并没有直接谈项目，而是说了一句："先生，您的办公室装饰得真是美轮美奂。"而就是这样鬼使神差的一句话，吸引了伊斯曼的注意力，使他与艾达逊交谈了起来，甚至聊到了童年。
>
> 最巧妙的是，两个人交谈了两个多小时，其中并未谈及任何与项目相关的话题，艾达逊却最终拿到了项目的承包资格，同时也奠定了两个人深厚友谊的开端。

你看，艾达逊并没有直接跟伊斯曼表达自己的目的，而是通过称赞伊斯曼是怎样的人、有多么优秀，通过赞扬伊斯曼的办公室来表达自己对伊斯曼的喜欢，从而引起伊斯曼的兴趣，让对方觉得和自己有共同的话题，顺势收获了一个强大的朋友。

可见，在我们与外界的社交行为中，首先表达自己对别人的喜欢，是非常重要的手段。因为我们每个人从根本上都是希望得到别人的尊重的，特别是我们喜欢的东西如果能够得到别人的认可，别人会觉得我们和他们一样是一个有眼光的人，而人们对和自己同一战线的人是喜欢的。

卡耐基曾写道："不管是屠夫，或是面包师，乃至宝座上的皇帝，统统都喜欢别人对他们表示好意。"

在我们的生活和工作中，社交是必然事件，让别人喜欢我们，让我们和自己喜欢的人在一起工作生活，才是生活幸福快乐的基础。没有人愿意和自己讨厌的人在一起，同样地，所有人都喜欢和自己喜欢的人相处。

正确利用相悦法则，是我们社交成功的关键。

05 改宗效应：反驳一个人更能讨对方喜欢

我们身边总有一些性格温和、做人厚道，别人说什么都不会反驳，也不会拒绝别人的人。这部分人大多不愿意得罪人，也没什么原则。

可这样的人，理论上说应该非常受人欢迎才是，但是事实上，这种人经常会被人形容成墙头草、老好人，让人觉得软弱无能，而且不太容易得到别人的尊重。

这是为什么呢？心理学上有一个效应对这个现象作出了解释，叫作"改宗效应"。

美国心理学家哈罗德做了一个实验：

哈罗德找来了三位在学术界颇具影响力的学者，分别向A、B、C三组倾听者陈述他们的观点。

他要求A组倾听者在实验过程中，完全认同学者的陈述；要求B组倾听者在实验过程中，完全反对学者的陈述；要求C组倾听者在实验过程中，先反对学者的陈述，但是在最后必须表现出自己被学者说服。

实验完成后，哈罗德又让三位学者对三组倾听者作出评价。结果显示，三位学者对完全反对的B组印象最差，印象最好的居然不是完全认同的A组，而是先反对后被学者说服的C组。

这个实验说明，我们对在说服别人的过程中获得的成就感和自豪感更喜欢。

通过这个实验，哈罗德提出了改宗效应，他认为当一个问题对某人来说十分重要的时候，如果他在这个问题上能使一个"反对者"改变意见，和自己的观点一致，他会更喜欢那个"反对者"，而不是一个自始至终的同意者。

简单地说就是，你想受到别人的欢迎，不应该一直顺应着别人，偶尔反驳一下，然后再顺从对方，那么对方会更喜欢和这样的你做朋友。

把改宗效应运用到人际关系上,我们会更加容易博得别人的喜欢。分享一个故事,相信你就会明白很多:

汽车销售员瓦伦,曾多次拜访一家公司的采购负责人。为了拿下订单,无论这位负责人提出什么样的意见和需求,他都从不反驳。他希望用自己积极的行动和诚意打动客户。

几次接触下来,客户对瓦伦的印象非常好,但是一直没有明确地表态。等不下去的瓦伦决定改变自己的策略。

在之后的一次拜访中,客户照例提出了他们的需求:"我们需要的是一批高档型号的车,但是价格不能高于中档车的标准。"

听完这句话,瓦伦不像之前那样不反驳对方的想法,而是说道:"我明白您的想法,很多客户都会提出这样的要求,但是如果这样,必然牺牲汽车的舒适性,而且牺牲会非常大,因此,我建议您选择我们的一款中档车型。"

客户听了,神秘地摇摇头,颇有意味地说道:"你很不错,也非常真诚,那我就给你透个底儿吧。这一次我们要给公司的十位经理换车,换的车一定要比他们现在的车高档一些,好鼓舞他们的士气。但是公司要求不能比现在的贵,否则,短期内不会换车。所以,舒适性没那么重要。"

瓦伦立刻做出一副恍然大悟的样子，不断赞叹客户的思路，感叹自己怎么没想到这一层。看到瓦伦被自己说服，客户也非常高兴，跟他聊的也多了起来，并透露了更多这次采购的信息。

有了这些信息后，瓦伦回公司就立刻制定了一套完善的销售方案，当他拿着方案再去拜访客户的时候，就很顺利地完成了签约。

从这个例子我们可以看出，当客户觉得自己说服了瓦伦时，他的心中就有了很大的成就感，这种成就感让他对瓦伦的好感度又增加了很多，所以他才会进一步跟瓦伦接触，从而签下了这笔订单。

可见，在生活中如果我们一直攻克不下来一些人，那么我们就不要一直附和对方，而是先反驳他的观点，最后假装被他们说服，他们才会愿意亲近我们。

通过改宗效应，我们可以得到生活中的某些启示：

第一，树立好自己的边界。

所谓边界，其实就是一种尺度，简单地说就是，我们需要考虑一下别人提出来的要求是不是我们能够接受的。这样说，也许你会觉得不太清晰，但看了下面这个故事或许你就能明白了：

英国温泽市政府大厅的设计师斯托·莱伊恩，运用了工程力学的知识，设计了只用一根柱子支撑的大厅天花板。

然而，当市政府组织有关人员对工程进行验收时，大家纷纷表示对这个巧妙设计的不满，觉得有安全隐患，不能保证大厅的安全。

但是，莱伊恩坚信只需要一根坚固的柱子就足以支撑天花板。遗憾的是，他的固执使得政府官员异常愤怒，并告诉他如果不修改的话，就更换设计师。

莱伊恩经过一番思考，想出一个妙计：在大厅里增加了四根柱子，但是这些柱子的顶端都没有接触到天花板，只是做做样子罢了。也因此得以通过了相关人员的检查和验收。

三百多年后，这个秘密才第一次被人发现。起因是市政府准备修缮大厅，一名工作人员惊讶地发现，这四根柱子并没有接触到天花板。当消息传出后，世界各国的建筑专家纷纷前来学习，当地政府也顺水推舟，将大厅作为一个旅游景点对外开放。

你看，一个意外成就了一个景点，莱伊恩最终不但没有过错，反而因为他的坚持给世界留下了一个奇妙的景点。假设，莱伊恩仅仅是想让政府官员把自己的作品赶紧验收过关，就用改宗效应，那么就完全失去了自己的原则，也不会有这么好的建筑设计了。

可见，我们不能一味地觉得只要别人喜欢我们、认同我们就可以了，还是得先认清这是不是已经达到了我们的边界线，是不是会失去自己的原则。如果是，那么我们必须坚持自己的原则，我们要敢于表达并坚持自己的观点和诉求。

有时候，使用改宗效应时会有这样的情况：当我们在反驳对方的过程中会发现，对方确实是错的啊！而且这个错误会导致一些问题的时候，我们就应该适可而止，坚持自己的观点。

来看这个故事，你就明白了：

美国总统林肯的智囊团里有这么一位有趣的人物，起初并不被重视，直至有一次林肯召集幕僚开会，讨论一项法案，这位幕僚才开始被关注。

林肯总统在上任后不久，有一次召集几个幕僚开会讨论一项他新近提出的法案。开始时，众人七嘴八舌、讨论热烈。林肯仔细听取了大家的意见，将他们的意见集中在一起。

就在大家都点头称赞附和时，这位幕僚坚持自己的看法，不支持这项法案，众人都觉得他不识时务，林肯也有一些恼火。

然而当这位幕僚不急不慢地说出了这项法案中的致命缺陷时，众人恍然大悟。尤其是林肯，对此人更是刮目相看。而这位幕僚后续也作为这个法案的主要修订人一同参与修改，最终成了林肯最信任的智囊团成员之一。

你看，作为一个高高在上的领导，突然听到一个人指出自己的各种不足，相信领导会非常愤怒，但同时，领导也会对这个特别的人投去更多的关注，比如大吃一惊，会认为这个人胆大、心细、值得信任。

这就是人的心理。在人际交往中，我们首先要懂得人性，才能更好地和别人交往。那么改宗效应运用的就是人性中渴望得到他人认可这一点。

仔细分析人性，我们会发现，人们都倾向于有挑战性的胜利。如果没有挑战性，哪怕胜利了，也如同鸡肋一般，食之无味，弃之可惜，甚至有时还会鄙夷那些不战而胜的结果。

而改宗效应就是这种心理的很好运用。为了能够让对方认同我们，我们会想尽办法去说服对方接受我们的意见，所以自然我们就会更喜欢经过努力说服之后的那个人。因为我们在心理上会认为，经过自己的努力，终于让他和自己站在同一阵营。

可见，运用好改宗效应，不仅会让我们在工作中得到领导的重视、获得客户的信任、得到更多的订单，还会让我们在生活中有更多的朋友、获得更多的关注。

如果你发现自己在某个人面前不受欢迎，试试用这一招，从不受欢迎到逆袭被人喜欢吧。

06 超限效应：过犹不及，把握事情最好的状态

当一个人一直重复一件事时，内心会从耐心聆听慢慢地变成不耐烦，最终产生逆反心理。此时，眼前说话之人所说的每一句话，听来都是错的。

其实，时间过久，重复过多，进而引起不耐烦和逆反，是非常正常的一件事。

心理学上，这种现象有一个专属名词，叫作"超限效应"。

什么是超限效应？要从马克·吐温的一件事讲起：

马克·吐温去听牧师演讲，最初他觉得牧师讲得特别精彩，令人感动，让他有捐款的冲动。他耐心地等待牧师演讲结束，再去捐款。

然而，10分钟过去了，他发现牧师还没有讲完。这时候的马克·吐温已经有些不耐烦了，他决定不进行大额捐款了，只捐一些零钱算了，因为这个牧师太啰唆了。又一个10分钟过去了，这位牧师还没有讲完，马克·吐温的耐心已经彻底耗尽了，他决定不捐款了。

终于等到牧师结束演讲，开始了募捐环节。这时马克·吐温非但一分钱没有捐，反而还从盘子里拿走了2美元。

也许牧师想的是多讲一些，募捐的钱也会多一些。可这对于台下要捐款的人来说，如此冗长的演讲是容易令人烦躁的，会失去最初的那份感动。

通过这种现象，人们提出了超限效应，指的是刺激过多或作用时间过久，而引起逆反心理的现象。关于这个现象，非常经典的一个人物就是《大话西游》里的唐僧。

作为一个话痨，唐僧每次开口都能让孙悟空想打人，可他的本意只是让孙悟空别再犯错，但一味地重复和说教，使孙悟空听后异常烦躁，反而最终做了许多错事。

因此，超限效应给我们的警示是：如果一件事已经做到了极致却还要继续做，最后很可能产生反作用，让前面的努力全部白费。这就跟"水满则溢，月盈则亏"的道理非常相似。

其实，超限效应这一现象就像一条抛物线，走过了最高处还继续走，就会慢慢往低处走。那么，为了不让我们的努力白费，我们可以怎么做呢？分享一个故事：

> 药店店长制定了完善的管理制度，要求员工严格执行。然而过度严格导致员工对他微词颇多，最明显的就是他对员工的批评效果越来越差了。
>
> 平时，他总是毫不留情地批评那些违反规定的员工，对此他觉得这是在提高员工的工作效率。例如，有一名女店员在销售处方药时违反了"双人复核制度"的规定，把药品卖给了顾客。而顾客回到家后，发现生产厂家不对，便回到药店更换，并且投诉了该店员。对此，店长给予了店员罚款 200 元的处罚。
>
> 事情到这里本该结束了，然而这个店长并不是这么做的，他经常把这件事挂在嘴边，去教训其他员工。尤其是在开会的时候，他每次都要把这个事情拿出来作为重点讲一遍，希望员工引以为戒。
>
> 这名女店员听到店长三番五次地强调自己的过失，最后一怒之下递上了辞职信。这时店长才意识到是自己的做法过头了，批评的方式不对，接二连三重复这件事，会引起员工的不耐烦和反感。

你看，教育和批评下属是公司管理中非常重要的一环，是及时解决问题、杜绝问题再次发生的手段之一。但只是一味地教育，不懂得读人心，那么即使员工表面上在认真听，其实已给他的心理造成非常大的伤害，导致后续会出现更坏的结果。

可见，超限效应在人与人之间的沟通中是必须注意的。任何事情都要点到为止，说到点上，掌握好度，掌握好火候；否则，好的东西也变得不好了。就像十全大补汤，虽然非常有营养，但吃得多了，轻则上火，重则还会补出病来。

因此，要学会用合适的方式和方法与别人沟通，来看看下面这个人的做法，就知道该怎么做了：

赵太后刚开始执政的时候，赵国遭到秦国疯狂进攻。无奈之下，赵太后只能向齐国求救。然而齐国对此的态度是，只有长安君来做人质才肯派出援兵。

看到齐国有希望出兵，大臣们磕破了头也要劝赵太后把长安君送去齐国当人质。然而长安君是赵太后最疼爱的幼子，对于大臣们的请求她异常愤怒，说道："如果再有人劝说我此事，那我一定不会轻饶。"

大臣们一时间陷入沉默，只有左师触龙保持清醒。他并不像其他大臣一样去劝赵太后，而是说自己腿脚不便，所以没能够及时前来看望太后。见赵太后情绪稳定后，触龙缓缓说道："我觉得太后您疼爱燕后的程度超过了长安君。"赵太后当即反驳。触龙紧接着又说道："您不仅送她到燕国做王妃，而且还希望她生育的后代能做燕国国君，您为她做了如此长远的打算啊。"

赵太后听了恍然大悟。触龙见状立刻说道："您这个时候为何不让长安君为国立功呢?这样以后他在赵国才能站得稳呀!这才是您给他最好的保护和疼爱啊!"

赵太后这时意识到自己有些目光短浅了,便立刻答应把长安君送到齐国当人质,换来了齐国救兵,解除了赵国危机。

为什么这么多大臣都劝不动的赵太后,却被触龙几句话就说动了呢?因为无数大臣的劝解,已经让赵太后听得厌烦了,此时,赵太后已经触发了超限效应,如果触龙还是按照那些大臣的说法,横冲直撞地去劝解赵太后,只会让事情更糟,让赵太后更反感,那么此刻说的所有话都会适得其反,根本达不到效果。

于是,触龙换了另一种办法去劝解赵太后,把握好赵太后当下的心理,这样才解决了事情。可见,当情况已经过度紧张时,就不要再火上浇油了,试着从另一个轻松的角度去解决问题,效果会更好。

换句话说,在人际交往上,我们不要总是想尽办法去说服别人,没有人喜欢反复听别人说服的语气,为他人的目的买单。如果不断重复这些事情,那么所说的话不仅没有任何说服力,反而会引起对方的逆反心理。

此刻,我们把说服换一种方式,变成一种引导,效果说不定会更好。

安·比尔斯说过一句话:"说服是一种催眠术,说服者的意见隐秘起来,变成了论证和诱惑。"

生活中，我们遇到超限效应的机会有很多。比如，想要教育小孩子，就不要常常耳提面命，像念紧箍咒一样，容易起到反作用，可以尝试用讲故事、做游戏等方式去跟小孩子讲道理。

比如，演讲的时候，在最开始的 3 分钟内你就要将你的主题摆在听众的面前，并且逻辑要清晰、层层推进、言简意赅。

再如，两个人交谈时，把握好节奏和时间，把重要的内容在前面就摆出来，切忌铺垫太长，分散了对方的注意力。

总的来说，不被超限效应牵着鼻子走，我们需要做的是，学会及时止损，果断收场。记住，人的承受力是有限的，不管我们做什么，把握事情最好的状态，才是我们正确利用超限效应的方法。

07　门面效应：用不可能完成的任务给对手设下圈套

在日常生活中，我们经常以为很多打折促销活动会节省很多钱，如换季清仓、门面到期、节假日活动等，抢着去购买东西，可真的节省了吗？

并没有节省！其实这些活动都是商家正确利用了心理学中的"门面效应"来影响消费者的心理。

美国心理学家查尔迪尼做过这样一个实验：

他将参与实验的成员分为两组，并要求其中一组带孩子去动物园玩耍 2 个小时，询问结果是只有六分之一的成员答应了这个请求，其他成员都拒绝了。他要求另一组成员在 2 年时间里，坚持对一个班级的孩子进行义务教育，结果是所有成员都拒绝了。

实验到这里还没完，查尔迪尼又对第二组提出了带孩子去动物园玩耍 2 个小时的请求，这次一大半成员几乎是毫不犹豫地就同意了这个请求。

心理学家对此提出了"门面效应"。门面效应说的是，当人们拒绝了别人的大要求之后，就会产生自己辜负了别人对自己的期望，没能够帮到他人的想法，并感觉到内疚。如果这时候，提出小一点的要求，那么人们就会欣然接受。

也就是说，如果我们向某人提出一个很大的要求又被拒绝之后，再向这个人提出一个小要求，那么他很有可能就会轻易地接受这个小要求。

简单地说，门面效应就是：对某人提出一个很大而又容易被拒绝的要求后，接着向他提出一个小一点的要求，那么他接受这个小要求的可能性，比直接向他提出这个小要求被接受的可能性要大得多。

用一个形象的比喻来形容一下，你就会明白：

我们要先搬 50 斤的石头，然后再搬 20 斤的石头，当你还没有开始行动的时候，你会觉得 20 斤、50 斤都很重，可当你搬了 50 斤的石头之后，再去搬 20 斤的石头，你就会觉得 20 斤的石头没有这么重了。

听完这个比喻，门面效应就清晰了。门面效应启示我们，在我们向别人提出真正的要求之前，可以向对方提出一个大的、可能会被他拒绝的要求，那么等他拒绝之后，再提出自己真正的要求，他很大程度上就会答应你。

这和我们前面提到的登门槛效应恰恰是相反的。登门槛效应是：如果我们想让他人同意我们很大的要求，那么我们就要用小要求一点点地去达到自己的目的。

而门面效应是利用了人们的补偿心理，先提出大要求，在被拒绝之后，再提出小要求，以这样的方式引起对方的愧疚感，从而同意后来提出的小要求。这种方法通常又被叫作"留面子效应"。

那么，它们两个到底怎么用呢？其实，仔细分析我们会发现，登门槛效应比较适合时间周期较长、目标或事情比较大的场景，需要我们一步步地去说服对方；而门面效应比较适合时间周期较短、目标或事情比较小的场景，通常会利用人的补偿心理让对方同意。

因此，门面效应经常用于人与人之间的心理博弈，以补偿的心理给对手"设下圈套"。分享一个生活中常见的故事，相信你会有很大的收获：

服装店老板把一件原价 100 元的上衣标价为 300 元，旁边电器店的老板对此表示不解，问道："你标这么高的价格，谁会愿意买呢？"而服装店老板只是微微一笑，说道："那您稍等一下，看我是怎么卖出去的。"

没过多久来了第一位顾客，他明显对这件上衣很感兴趣，但是看到价格后就犹豫了，片刻后问老板："这件衣服有优惠吗？我真的很喜欢，但是价格稍微高了点，170元能卖吗？"老板假装很为难，说道："170元已经亏本了，这样吧，你加10元钱，我就算成本价给你了。"顾客听后很爽快地付了180元带走了衣服。顾客买得开心，老板赚得也开心，并且这位顾客还成了这家店的回头客。

你看，原本原价只有100元的商品，经过提价之后，这就形成了一个别人不可以接受的大要求，于是当顾客开始讲价的时候，你再提出比这个价格低的价格，对方就会在心里感到愧疚，从而愿意付出高于原价的价格，并且收获一个回头客。

可见，在人与人之间的博弈中，先抬高再降低，能够很好地掌握主动权，让对方接受你预期的价码。

生活中运用门面效应的例子不在少数，如借钱：

有的人一开口就提出借很大一笔钱，不出意外，这样的结果就是被对方拒绝。但他并不放弃，而是立刻缩减了一大半，比如2000缩减成800，这时，那个被借钱的人就很容易借给他了。

这个办法百试不爽，甚至连骗子都把这个办法进行改进去欺骗老人。比如曾经有过这样一群骗子：

骗子首先打听这些独居老人的孩子的名字，然后就去逐个敲门，声称是他们孩子的朋友、同事或者工友。然后等老人对他们提起兴趣的时候，就开始使用骗术了，说道："是这样的，我和您儿子关系很要好，但是我现在需要钱，想借一点儿，却联系不到他。您看您可不可以先借我 500 元呢？"

老人觉得为难，说道："我身上没那么多的现金。"骗子立刻说道："那您可以先借我 100 元吗？等我回去了就还给他，或者下次再过来拜访您的时候带过来。"

老人听到这里，随手就把自己口袋的 100 元现金给了骗子。

你看，先找到对方不可能完成的任务，再给对方设下圈套，从而达到自己的目的，这样的方式，其实是一把"双刃剑"，用得好可以事半功倍，可若是动了歪心思，也很难让人防范。可见，一定要正确利用门面效应。

《菜根谭·概论》里有这样一句经典的话："攻人之恶毋太严，要思其堪受；教人以善毋过高，当使其可从。"它的意思是：指责别人的过错时不要太刻薄，要考虑到对方是否能够接受；教人为善不要期望过高，要考虑别人是否能够做到。

这句话道出了门面效应的精髓——以退为进，先满足对方的心理补偿，然后再步步为营。

为了让人更好地接受你的要求，那么你就要提出一个他根本不愿意接受的要求之后，再提出自己的真实要求，如此才能让对方有愧疚感，从而完成很难完成的任务。

同时，为了防止别人对我们用门面效应，我们也一定要在和别人的交谈中，坚定自己的想法，千万不能让别人偷换概念，将自己的注意力从"拒绝不拒绝"转移到"拒绝多少"的问题上。要同等地对待大要求和小要求，防止自己产生内疚心理，要知道自己什么时候应该内疚，什么时候应该理直气壮。

简单地说就是，在用不可能完成的任务应对对手的时候，要注意分寸，要善用而不可滥用。

08　贝勃定律：理性分析事实，不随便臆断

生活中，原本 1 元钱 1 份的报纸变成了 10 元 1 份，你肯定会感到无法接受，可是如果原本 5000 元的电脑涨了 50 元，你一定不会有这么大的反应。

对这样的情况，你觉得奇怪吗？

其实在心理学中有一个定律对应这种情况，那就是"贝勃定律"。

为了论证贝勃定律，有人做过这样一个实验：

实验参与者的右手举 300 克重的砝码，再往他的左手上放 301 克的砝码，这时候他并不会觉得有太大差别。但如果在他的左手上放 306 克的砝码，他就会立马有差异感了。同理，如果一个人的右手举着 600 克的砝码，那么左手上的重量要达到 612 克他才能感觉到两只手上重量的差异。

通过这个实验，人们提出了贝勃定律，它指的是：当人经历强烈的刺激后，如果再受到其他刺激，那么这些刺激对他来说就会很微弱了，也不会引起太大的反应。简单地说就是，如果原来的刺激很大，就需要更大的刺激才能感觉到差异。

再来看一位意大利心理学家做的实验：

> 在情人节来临的两个月前，心理学家挑选了两对恋人作为实验参与者，做了一个送玫瑰花的实验。
>
> 第一对恋人中的男生，从当天到情人节期间，都要一直坚持在周末给女孩送一束红玫瑰；另一个男生则只是在情人节当天送红玫瑰。等到了情人节当天，那个每周都会收到红玫瑰的女生，表现得相当平静，并且说了一句："你看别人的女朋友收到的都是精心挑选的项链和礼物，你给我准备的还是红玫瑰。"气氛瞬间冷了下来。
>
> 另一个从来没有收到过红玫瑰的女生则十分感动，并对男生的心意表示感谢，最后深情拥抱了这个男生。

两个实验说明了如果你一直在做相同的事情，那么这件事情对于别人而言，就没有那么重要了。但如果你只偶尔做一件事情，别人会对你的行为投去赞赏的目光。

工作中也是同样的道理，来看看下面这个故事吧：

> 两名应届生进入同一家公司工作，其中一名应届生拼命努力。一个月下来，从同事到老板，没有不知道他的，都把他的努力看在眼里，称赞他是个上进的小伙子。然而这样不顾身体的努力，导致他的身体很快就吃不消了，工作效率也慢慢地降了下去。这时候

其他人并不理解，只会觉得他不努力了，认为他不是一个能坚持的人，对他的印象由好转坏。

而另一名应届生则是一开始就准时踩点上班打卡，每天也只是完成基本工作，甚至有时把工作拖到第二天。然而一个月后，他开始提前半个小时到公司处理工作，每天老板吩咐的任务也是超额完成，甚至还要为公司考虑，提出建议。大家也是一改对他当初的印象，大为称赞，觉得他很上进、很努力。

可真实情况是前者做的工作量比后者多了很多。

你看，这就是工作中很明显的贝勃定律。如果你一开始就做得很好，那么你就需要做得更好，才能让别人继续对你刮目相看。可如果你一开始做得不好，稍微改变一下，就会得到别人的另眼相待。

可见，贝勃定律警醒着我们：眼见不一定为实，很多时候，我们都需要保持自己的独立思考和理智分析，不随便臆断任何一个人或者一件事情。

生活中其实到处充满了符合贝勃定律的场景。

例如，一家企业准备调整产品的价格，但是又不想因此流失客户，那么怎么才能让客户感觉不到价格的变化呢？商家一般会选择逐步调高产品价格，比如原价 2 元的饮料，现在想调整到 3.5 元，商家会每次调整 0.5 元，保证价格在客户的心理接受范围之内。但是，如果从 2 元直接涨到 3.5 元，客户就会很排斥，会直接导致商家失去一部分客户的支持。

你看，很多商家都在潜意识中使用了贝勃定律。当他们一下子把价格调到非常高的时候，客户会有反抗情绪，但如果他一点点地把价格往上调，等到客户觉察到的时候，其实早已慢慢接受了。

再假设一个场景，相信你会更有感触：

一个好人辛辛苦苦地努力耕耘，却因为一件事做错而导致前面的功劳全部葬送，好人形象尽毁；而坏人却可以因为做了一件很普通的好事，就被大加称赞。但其实，一直做一个好人，本就不是一件容易的事情。

人们总是因为贝勃定律颠倒了黑白，蒙蔽了双眼。为了不受贝勃定律的影响，我们必须保持理性思考。讲一个故事你就明白了。

女孩和母亲大吵了一架，一气之下离家出走，在街上逛了一天。

晚上的时候肚子饿得不行了，当她来到面馆，才发现自己没带钱。面馆老板了解情况之后，免费给她煮了一碗面。女孩当场感激得热泪盈眶，边哭边说："我们素不相识，你却能给我免费煮面，而我妈却那么凶我，对我那么不好。"

老板听到女孩的话也是付之一笑，说道："傻孩子，你妈妈给你煮了十几年的饭，难道说我这一碗面就比得上她这么多年的辛苦和对你的关心吗？"女孩整个人当场愣住了，谢过老板之后，她便鼓起勇气往家的方向走去，当她快到家门时，看到疲惫、焦急的妈妈正在四处张望寻她。

而妈妈看到女孩后，没有一句责备的话，只是关心地说道："饭早就做好了，快回家吃饭吧。"

你看，生活中我们习以为常的事情非常多，包括父母给我们的爱，我们总是忽略了他们，从而觉得那是他们应该做的。可当我们面对陌生人给予的一点帮助就感激涕零，其实这是非常错误的事情。可见，当贝勃定律操纵我们的时候，我们会丧失原本的判断，把身边的一切好都变成一种理所应当，甚至恶言相向，而把别人的一点好就当成感激，最后对外人好过家人，伤人伤己。

这告诉我们，无论何时，理性思考都是很重要的。贝勃定律在情绪方面体现为：我们的感觉很敏感，但也有惰性，它会蒙蔽眼睛和内心，看不到事情的真相，会加重我们的感受从而失去理性。

要想对抗贝勃定律对我们的不良影响，理性思考、理性分析、不臆断是最好的妙方。

俗话说："好人难做。"一方面是做一个好人的原则非常难守；另一方面则是一直做一个好人，远比一个坏人变好更容易让人忽略。因为理性的人总是会被贝勃定律操纵，从而蒙蔽双眼，把一切好的当成理所当然，最终忽略掉，坚持一直好，其实是一件非常难的事情。

因此，不要太过自以为是，不要太相信自己的主观臆断。生活是十分复杂的，我们应该更加谦卑地去对待万事万物，更加理性地去思考分析，去认识贝勃定律，去正确地运用它，这样才能为自己减轻工作和生活中的阻力增添助力。

学会理性思考，我们的生活会变得更顺畅。

09　刺猬法则：走得太近是场灾难

不知道你有没有过这样的感觉：一旦你和某个人走近了，你会发现你们之间的矛盾就会多起来，甚至没有了以前不太近时的那种快乐。

这种现象其实很常见，有一个俗语说得很到位，那就是：远香近臭，远亲近仇。

在心理学中，这种现象被称为"刺猬法则"。

生物学家为了研究刺猬在寒冷的冬天是如何生活的，做了一个实验：

> 起初，生物学家把十几只刺猬放到户外的空地上，结果这些刺猬冻得瑟瑟发抖，只好紧紧地抱在一起取暖。
> 　　可是过了没多久，它们就因为忍受不了对方身上的刺，很快又分开了。但天气还是很冷，不一会儿，它们又不得不靠在一起取暖。就这样，它们在分分合合间不断挣扎着，最后终于找到了一个合适的距离，既可以互相取暖，又不会被对方扎伤。

通过这个实验，生物学家提出了"刺猬法则"，它指的是，人际交往中的心理距离，即人与人之间的相处，靠得太紧密，就容易受伤；走得太远，又容易疏远。要想关系好，就一定要找到合适的距离。

家人如此，朋友亦是如此。生活中有很多刺猬法则的体验：在一段关系中，越是亲密，越是经常发生摩擦，相反，那些不怎么接触的人，往往会变得温和且容易相处。为什么会这样？

心理学上提出，当一个人和你相处密切的时候，对方的所有缺点都会暴露在你的面前，你会在不知不觉中改变自己原来的感情，变得失望和厌烦，从而不再害怕伤害对方，以此来表达自己内心的情感。

因此，古人常说："距离产生美。"无论什么样的关系，保持一定的距离，都能够让你和对方的关系拥有很好的长久性。下面来看一个距离太近，被深深伤害的故事：

在文学家司马迁撰写的《史记》里记载着这样一件事：

> 张耳和陈馀二人因为在反秦的斗争中一见如故，于是成为生死之交。
>
> 有一天，张耳被秦军的将领章邯围困，他向驻扎在附近的陈馀求救，可陈馀的兵力根本不够，没有任何胜算，于是没有答应张耳。
>
> 张耳急了，多次派使者去劝说陈馀。于是，陈馀只好派了5000兵力去救张耳，结果全军覆没，张耳也没能获救。

○ 　　后来，项羽出面打败了章邯，张耳才得以脱困。可张耳和陈馀因为这件事反目成仇，分道扬镳，两人从最好的朋友变成了仇人，最终张耳伙同韩信杀死了陈馀。

　　你看，生死之交原本是非常亲密的一种关系，但由于走得太近，对这段感情太过依赖，于是遇到一点考验，就觉得像天塌了一样，对彼此没有了包容，最终导致关系破裂。

　　可见，走得太近，若是不懂得互相理解和包容，对于彼此的关系来说，是一场灾难。

　　不知道你有没有发现，张耳和陈馀的故事像极了生活中我们和亲密朋友之间的关系：你掏心掏肺地对他好，他不一定会领情，反而把你对他的好看作理所当然；明明是非常亲密的朋友，产生矛盾后就没有了包容心，不仅互不理睬，还彼此中伤；那个我们越在乎的人，往往伤害我们的时候越稳、准、狠。

　　如此多的事情，都在告诉我们，一段关系太紧密且不纯粹，看起来很美好，其实是无法经受考验的。当某一天这段关系面临挑战，于彼此而言，是雪上加霜的灾难。

　　那么，人与人之间到底该如何交往呢？分享一个故事：

○ 　　法国前总统戴高乐有一个座右铭——"保持一定的距离"，他的一生把自己和顾问、智囊和参谋的关系维护得非常好。

　　他做的第一件事便是，让自己身边工作的人年限不能超过两年。有一次,新上任的办公厅主任不解,问他为何,戴高乐回答:"我任用你两年,正如人们不能以参谋部的工作作为自己的职业一样,你也不能以办公厅主任作为自己的职业。"

他的意思是,人员的流动非常大,人不可能始终固定在一个地方,因此,他不能让这些人变成他"离不开的人"。并且,如果这些人长期在一个地方,很容易利用总统和政府的名义营私舞弊,那么那些真正新鲜的思想和朝气的有才之人就没有太多的机会了。

戴高乐很明白人际交往的距离,知道只有保持一定的距离,才能够让自己的生活变得高效和理智。若没有距离,那么领导的决策很容易被周围的人干涉,进而当管理不好身边人时,所带来的灾难也是不可估量的。

你看,刺猬法则运用在管理上,能够有非常好的助益。人的一生中要遇见非常多的人,可真正的朋友不用日常往来甚密,联系甚多,只要彼此相互信任,当对方需要帮助时,能给予援手,这段关系就已经非常不错了。

就像梁实秋在《谈友谊》里写的那样:"君子之交淡如水,因为淡所以才能不腻,才能持久。"意思就是一杯水比起酒来少了些浓烈,多了些清淡无味。然而,它虽无味,却是我们不可或缺的。

生活里有很多人看不开。比如,一对闪婚的夫妻,刚发现对方是自己喜欢的样子就匆匆在一起,等到结婚后,才发现对方的缺点是自己所不能接受的,于是产生很多家庭矛盾;又如,一个女生很爱一个男生，男生的一切，女生都要牢牢掌控在手里，这样没有一点距离的关系，很容易让人透不过气，于是两个人不断地在把握距离的分寸上吵架，再好的感情也会变得冷淡。

温格·朱莉在《幸福婚姻法则》里说过这样一句话："再恩爱的夫妻，一生中都有 200 次想离婚的念头，以及 50 次想掐死对方的冲动。"一段亲密的关系就像两条交缠在一起的麻绳，很容易产生各种各样的摩擦。

试想一下，如果有人一眼就能看穿你的隐私，对你的缺点喜好了如指掌，打着为你好的名义做各种让你尴尬的事情，你会有什么样的感受？

可见，再好的关系，也不能没有一点距离。给自己留点空间，也给别人留点空间，让双方在合适的距离里找到最舒适的状态，如此，这段关系才会长久且坚固。

可以学习我们耳熟能详的俞伯牙和钟子期，他们高山流水遇知音的心心相印，不用喋喋不休的语言，不用日日上门的行为，就彼此心照不宣，这就是用最纯粹的距离去珍惜朋友。或者学习风雨同舟的鲁迅和瞿秋白，鲁迅冒着危险收留被追捕的瞿秋白，瞿秋白在众人对鲁迅的文章进行不善的评价时，站出来支持鲁迅，这就是两肋插刀的情谊。

他们没有走得太近，各自都有自己的圈子，留出最舒适的距离。因此，不要总是想着要走进别人的内心，或者非要别人把心全部交给你，做好自己，诚心对人就行了。

"君子之交淡如水"，关于人和人之间的相处，保持在一个安全距离内，不必离得很远，也没必要靠得很近。

第五章

突破墨菲定律的思维，做真正的强者

01　沉锚效应：被沉锚带偏的独立思考

人们在对某人某事作出判断时，容易受到第一印象或第一信息的支配而作出看似正确的选择。其实，这是一种人们在面对陌生事物时，不由自主地将它量化并寻找对标物的行为。通俗地说就是第一印象和先入为主。

它普遍存在于生活的方方面面，心理学上称这种现象为"沉锚效应"。

1974年，希伯来大学的心理学教授卡纳曼和特沃斯基做了一个实验：

> 两位教授要求参加实验的成员做一个估计，内容是联合国席位中非洲国家数量的百分比。
>
> 教授们把成员分成多组，然后给每组成员随机分配一个数字，暗示他们这个数字可以作为参考，其实真实比例比这个数字大或者比这个数字小。在成员思考后，教授们要求他们给出一个估计结果。
>
> 这个结果很有趣，实验成员因为教授们的暗示，几乎都受到了这个随机数的影响，预估值都非常接近这个随机数。

通过这个实验，卡纳曼和特沃斯基提出了"沉锚效应"，它指的是，人们在对某人某事作出判断时，易受第一印象或第一信息的支配，就像沉入海底的锚一样把人们的思想固定在某处。

例如这个实验中，成员明明知道一开始得到的数字是随机的，和真实数字毫无关联，但是，在估计真实数字时，还是下意识地将自己的估计结果定在与随机数字相关的一定范围内。

为什么会这样呢？因为人们在意识的深处，根本没有发现自己其实一开始就陷入这个"锚点"，还以为是通过自己独立思考作出的决策。事实上，人们早在不知不觉间就已经被各种先入为主的信息误导了。

心理学中有一个加鸡蛋的故事说的就是沉锚效应：

> 相邻的两家卖粥店铺，生意都红红火火的，两家店主也是熟识，关系特别好。谈及每天营收额的时候，他们发现，同样的产品，左边那家店的营收额每天都比右边那家店的营收额多出上百元。
>
> 谈及这个问题时，这位左边那家店铺的店主解释道："我的服务员每次都会询问客人是要加一个鸡蛋还是两个鸡蛋，而一半左右的客人都会选择要加一个。"右边店铺的店主顿时反应了过来，笑道："原来如此！"
>
> 左边店铺的店主继续说道："我们给了客人一个选择，客人就会更倾向于加几个鸡蛋这个选择题，而不是加不加鸡蛋的问题。就这样一天下来，还是能多卖出几十个鸡蛋的。"

你看，同样是加鸡蛋，人们更愿意光顾左边那家店铺，是因为左边那家店铺给人的第一印象是：加鸡蛋似乎是一种标配，而右边那家店铺给人的第一印象是，鸡蛋可加可不加，如此一对比，人们自然会更喜欢左边那家店铺给的"锚"。

可见，沉锚效应作为一种心理学现象，在生活中普遍存在。心理医生在判断患者的自杀可能性时，常常会想起患者的偶然自杀事件。这时，如果进行盲目判断，很可能会夸大患者自杀的概率。

签合同的时候，你作为合同的乙方貌似可以选择或者提出要求。但事实上，你的选择只占了一点点分量，并没有那么重要，选项是别人给你的，无论你怎么精挑细选，也改变不了"利他"的整体格局。

你在商场买鞋的时候，导购小姐会非常热情地推荐："这双和那双都很适合您的气质，选哪双都好看。"事实上，你出门不过是随便逛逛，并没有非买不可的决心，可她给了你选项，于是你好像就只能在这两个当中选一个了。

总之，把沉锚效应简单化，其实就是人们更倾向于"第一印象"的方向，从而产生了估计的偏差。因此，它提醒我们，不要被第一印象牵着鼻子走。

那么如何做才能不陷入"锚"的陷阱呢？讲一个经典的故事，你就明白了：

华盛顿的马曾经被邻居偷走，他发现后，带着警察来到邻居的农场，看到自己被偷的马就在那里。然而邻居嘴硬，死活不肯承认这匹马是华盛顿的。

华盛顿当即巧妙地利用了沉锚效应。他捂住马的眼睛说道:"你说这马是你的,那你肯定知道它有只眼睛是瞎的,现在当着警官的面你能指出是哪只眼睛瞎,我就承认它是你的马。"

邻居一时有些慌张,面对警察的眼神躲躲闪闪,说道:"右眼是瞎的。"华盛顿缓缓地把手移开,马的右眼一点问题没有。邻居立刻纠正道:"左眼!"

当华盛顿松开手的时候,只见马的左眼一点问题也没有,这下真相大白了,警察勒令他把马立刻归还给华盛顿。

邻居为什么被识破了呢?是因为华盛顿先用巧妙的语言暗示邻居这马有一只眼睛是瞎的,导致邻居猜完了右眼猜左眼,根本没有想到马的眼睛好好的,一只也没瞎。

可见,华盛顿在解决问题的时候,是倒过来利用沉锚效应,成为那一个"设锚"的人。也就是说,在不受对方所设的沉锚影响的同时,我们可以做一个主动的"设锚"者,抢占先机。这样,既避免了沉锚效应的影响,又利用了沉锚效应的作用。

例如,当你跟商贩砍价的时候,你可以先抛出一个"超低价"作为锚,然后你就会发现,接下来的讨价还价就是围绕这个锚来螺旋式上升的。这个时候,你就拥有了一定的主动权。

还有一个最简单的例子就是"是否问"还是"选择问"。比如,当你不得不邀请一个你并非真心想要邀请的人,却又不想失了礼貌时,可以用"是否问"句:"有空吃个饭?""有空一起 K 歌?"

这个"有空",其实就约等于遥遥无期。

但如果把对方换作你的老板或客户,你又必须邀请到他的话,那就要用"选择问"了。比如,"一起出去玩,吃饭还是 K 歌?"

又如,你真心想送礼物给闺蜜,那就说:"围巾和香水,你自己选一个吧。"而不是"要不要礼物?"后者只会让人觉得你是客套,这个礼物可送可不送。

可见,沉锚效应也可以被聪明的谈判者拿来借鉴。比如,谈判时,人们都会特别注意不陷入对方的提议陷阱里,然后寻找恰当时机,为对方设定"沉锚",使谈判向有利于自己的方向发展,以达到自己的目的。

因此,要想不被沉锚效应影响,最好的办法就是反其道行之,反客为主,先给对方"设锚"。因为如果一件事情太过单一,我们就很容易陷入单一的决策,而如果给了两个"锚点",思维便豁然开朗起来。

人的思维是极其容易固化的,因此,沉锚效应实际上是思维的一种定式。当它通过第一印象为"锚"打下基础,如果不能辩证客观地去看待事情,那么我们的思维就会被其限制,从而走很多弯路。

因此,要想摆脱沉锚效应的影响,我们要开放自己的思维,摒弃主观和第一印象,要以变化的态度去对待所有的人和事,如此,才能在解决问题的时候,拥有广度和深度。

学会独立思考,把"锚"连根拔起。

02　跳蚤效应：不要轻易给自己的人生设限

在我们的生活中，一定会遇到这样的情况：一旦给自己立下目标，那么往往之后就很难突破了；相同的起跑线，却因为不同的选择，和他人有了不同的结果。

目标会决定我们未来的发展，眼界会决定我们所站的高度，而限制我们自己的，往往是我们的思想和选择。

在心理学上，这就是"跳蚤效应"。

跳蚤效应来自一个有趣的生物小实验：

生物学家把一只跳蚤放进杯子里，跳蚤不费吹灰之力就从杯子里跳出来了。于是，生物学家又在杯子上加一个玻璃盖子，跳蚤每次起跳都会碰到玻璃盖子。长此以往，当生物学家将杯子上的玻璃盖子去掉后，跳蚤也还是不能跳出杯子。

通过这个实验，生物学家提出了"跳蚤效应"，它指的是：人们在心里给自己设定了某个高度后，就再也无法跳过这个高度。简单地说就是，有什么样的目标就有什么样的人生。

这就与现实生活中的很多人一样，他们虽然清楚地知道自己的定位，并且发现了自己的发展存在着一个"天花板"，但是一直没有想办法去突破，于是一辈子都没有突破这个所谓的"天花板"。

可实际上，跳蚤效应提醒我们：生活不是加了盖子的杯子，我们不必用"上限"和"天花板"这种莫须有的东西来限制我们自己。

哈佛大学做过这样一个实验：他们挑选了一群智力、学历、环境等客观条件都差不多的年轻人作为实验成员，对他们做一个长达25年的追踪调查。其中只有3%的成员多年来都没有更改过自己的人生目标，结果是他们成为社会顶尖的成功人士。10%的成员有着清晰的短期目标，他们成为社会的中上层。60%的成员目标模糊，生活在社会的中下层，几乎很少有做出成绩的。而剩下27%的成员没有目标，一直生活在社会的最底层。

你看，你给自己的人生设置的高度有多高，你最终的结果就差不多到那里了。其实，一个人的心有多大，舞台就有多大，只要你有野心，想要做事，你就能够施展自己的才华，把你人生的高度一再地拔高，从而把给自己的限制突破。

分享一个名人史泰龙的故事，相信你会有非常多的感触。

史泰龙，大名鼎鼎的动作片演员，演过不计其数的电影，并且在电影中的硬汉形象让我们记忆深刻。然而他在出生的时候由于难产，被医生误用产钳，导致他的脸颊肌肉瘫痪、口齿不清。

史泰龙小时候的生活伴随着各种各样的嘲笑，甚至身边的人都认为像他这样的人注定不会有任何成就。这样重复的日子在他看到了一场拳击比赛之后宣告结束。

他像是突然找到了自己的目标，他写好剧本《洛奇》，然后去好莱坞四处寻求导演，希望有人能够把他的作品拍成电影。然而哪怕是他多达1800次的拜访，也未能换来任何一个导演的欣赏。就在他痛苦绝望的时候，一位导演被他的精神所打动，给了他一个毫不起眼的小配角的戏分，这也开启了他的演艺之路。

三年后，他因《洛奇》大展身手，一鸣惊人，票房排进美国前十名，走进了大众的视线，深得大家喜欢。

你看，史泰龙虽然有面部缺陷，童年时期生活环境也极其恶劣，他本来也应该像他的父母一样，一辈子都匍匐在社会底层。但他不甘平凡，在经过奋斗之后，才有了如今这样的成就。可见，无论生活给了我们什么样的困难，我们对自己的人生也不要有太多限制。

不要对自己说"我不行"，或许有些事情你本来是可以做到的，但是由于你自己限制了自己，从此以后你就再也无法突破自己的极限，正如跳不出杯子的跳蚤一般。

其实，人生并没有什么是天生就定好的，而是你是否有给过自己改变的机会。一个人如果安于现状，不愿意为了实现更高更远的目标而努力，那么他注定会停留在原地，直到被社会和时代所淘汰。

特别是当我们的人生正处于一个前所未有的低谷时，我们经常会感到因为各种外部条件，自己已经达到了极限。可实际上，限制你的仅仅是你的思想和意识，而人并没有极限。就算有，你也绝对比你自己想象中更加坚毅。

要知道，适者生存的道理，古今中外，始终适用。分享一个南怀瑾先生的故事，希望你能从中得到鼓励：

当代国学大师南怀瑾先生刚到台湾的时候,住在菜市场旁的闹市里,与喧嚣嘈杂为伴。不仅如此,这段日子里,他左手抱幼子,右手持笔写字,双脚还要踩婴儿车,防止孩子又哭又闹。

即便是如此艰难的环境,南怀瑾先生还是凭借自己惊人的意志力,完成了《楞严大义今释》与《楞伽大义今释》两部大作。

试想一下,如果南怀瑾先生在面对恶劣的环境时,就干脆放弃,或是把环境差当作限制他创作的理由,还会获得成功吗?一定不会的。而仔细思考其成功的原因,就是他在恶劣的环境下坚持下来,而不是给自己的人生找借口。

因此,突破跳蚤效应的方法之一就是:不断努力,给自己打气。正如一句古话所说:"人往高处走,水往低处流。"人生本就是这样,苦难既然是必然,那我们不如放手一搏,努力拼搏,在所谓的恶劣环境下闯出一片自己的天地,而不是在面对苦难的时候,给自己到处设限,从此阻断了自己的发展。

那么,我们要怎么做才能让自己坚持下去,不给自己找借口呢?那就是树立自己的信念。与人生的限度不同,信念是我们可以为之奋斗一生的方向。

分享一个故事:

任正非出生在一个并不富裕的家庭,家里有七个兄弟姐妹,粮食不够的时候,甚至只能和猪吃一样的米糠。经历过那样艰苦的年代，任正非却并没有被贫困打倒，他不断地学习新知识，充实自己，开阔自己的眼界，在经历了无数次磨折之后，依旧再次爬起来。

1984年，他迎来40岁的年纪。他身体不好，有糖尿病。事业上也因为之前生意失误，被公司开除，还背上了200万元的债务，妻子因此选择与他离婚。但就是在这样事业不顺、生活不美满、身体状况不好的情况下，任正非却有着强大的信念，没有被打倒。

三年后，他创立了华为公司。他靠着借来的2万元钱，在简易出租屋里成立了华为公司，开始了奋斗和拼搏。他像一匹有血性的狼，警惕、勇敢、凶狠，在任何时候，他都深知自己绝没有退路，所以在华为公司被步步紧逼的时候，他毅然选择咬牙坚持。

当华为在非洲拓展业务的时候，任正非亲自飞到非洲看望员工。他说："要奋斗就会有牺牲，胜则举杯相庆，败则拼死相救。狭路相逢勇者胜，烧不死的鸟就是凤凰！"

如今任正非仍然保有一颗赤子之心，他拥有绝不服输的强大信念。因此，他从不因为命运的坎坷而屈服，从不因为生活的艰苦而放弃。

所以你看，这世上有无数努力的人，我们又怎能因为小小的挫折和坎坷就放弃了自己？不要被所谓的限制套牢，而是应该为自己树立一个强大的信念，并为之努力。

正如那句："乌衣子弟，一千年前怀愁，着木屐，放江舟，平天下的磨难；如今白衣少年，死在了温床，无剑可出鞘，无眉可飞扬，你们，腐烂。"别在舒适区里待习惯了，我们每个人都向着未来努力冲吧！

在途中，请不要给自己的人生设限。请相信，我们每个人都会比自己想象的要强得多。与其妄自菲薄，给自己乱设限，不如想办法解决问题，努力一把，毕竟最终得到的人生答卷其实都由你自己决定的。

03　博傻理论：不要做最蠢的傻瓜

一瓶价值 2 元的矿泉水，仅仅因为被放在了景区的小摊上，价格就翻到几倍；一个小饰品，仅仅因为被放在了商场里，就比原价翻了好几十倍。

这是一种让人非常无法理解的现象。

但生活中这样的事情太多。对此，在心理学上，有一个名词叫作"博傻理论"。

经济学家凯恩斯为了能够专注从事学术研究，曾在 1919 年 8 月借了几千英镑外出去做远期外汇投机生意。

凯恩斯用了 4 个月的时间赚了 1 万多英镑，大约等于他讲课 10 年的收入。10 个月后，他又涉足棉花期货交易，大获成功。随后他几乎把期货品种做了个遍，而且涉足股票。等到他后来因病退出的时候，已经积攒了一笔巨额财富。

通过这些事情，凯恩斯提出了"博傻理论"，又叫"笨蛋理论"，他认为人们之所以完全不管某个东西的真实价值而愿意花高价购买，是因为他们预期会有一个更大的笨蛋会花更高的价格从他们那儿把它买走。

也就是说，博傻理论提醒人们最重要的一个道理是：在这个世界上，傻不可怕，可怕的是做最后一个傻子。

或许这样说你还不太明白，那么来看一个例子吧：

> 在艺术品市场中，一件艺术品可能会拍卖出天价，这是人人都知道的。但是你知道吗？也许这件卖出天价的艺术品根本一文不值，可是依然会有"傻瓜"愿意花高价买走它，这是为什么呢？
>
> 因为这些拍卖的人赌的就是心理战术，他们在等待比自己还笨的傻瓜比自己出得更高的价格买走它，从而谋取巨大的利益。

但是它有一个风险，那就是如果没有一个愿意比你出更高价格的人买走这件艺术品的话，那么你就是那个最大的笨蛋了。

因此，做最后一个傻子的，往往会吃非常大的亏。很多投资者成功的秘诀就是通过这个理论判断究竟有没有比自己更大的笨蛋出现，从而判断自己要不要投资。

那么我们应该怎么做才能真正掌握这个理论，从而有收获呢？先看看下面这个故事：

郁金香曾经在荷兰风靡一时，当时人们对它表现出了一种病态的热忱，以至于能够拥有和种植这种花卉慢慢地成了社会地位的象征。

商人趁机大量囤积郁金香，想要在价格上涨后卖掉，然后大赚一笔。一批接一批的商人跟进，都想趁着这个机会大赚一笔。一时间，郁金香的价格疯狂地上涨，甚至已经变成了一个虚幻的价值符号。

最后，你能想象一株小小的郁金香的价格竟然可以和一辆马车、几匹马的价格一样吗？可所有人都明白郁金香其实根本就不值这个价钱，但是他们还是跟风，在等待着有一个更傻的傻瓜付出更高的价钱去买。

最大的"傻瓜"终于出现了，郁金香的价格没办法往上涨了。那这个时候该怎么办呢？价格太高，没有任何人要，只能降价。于是，一时间，出现了大量抛售郁金香的卖家，郁金香的价格也一路暴跌，最终它还没有一颗洋葱值钱。

你看，郁金香真的值几匹马的价格吗？其实不然，只是因为资本的炒作，导致它短时间内价格高昂。实际上，此刻如果你跟风了，那便是最大的傻瓜。股票也是同理。

博傻理论就是这样一种博弈。如果你想在这场博弈中成为一个赢家，那么就一定要明白，不让自己成为最后那个傻瓜，才不会输得血本无归。

再来讲一个故事，你将会明白很多：

> 在文物市场,商人向顾客推销一枚古钱币。
>
> 商人介绍道:"这是金币,价值 100 元钱。"顾客是懂行的,一眼就看出这只是黄铜制作的,只值 1 元钱,随即对商人说道:"1 元钱的铜币,100 元钱我是不会买的,但是我愿意以 5 元钱的价格买下来。"
>
> 商人见他是识货人,不敢再糊弄,最后以 5 元钱的价格成交。这个人的朋友知道了,对他说:"你明知道是 1 元钱的东西,还要花 5 元钱买下来,那不是犯傻吗?"
>
> 这个人说:"是的,我很傻,但是,我知道有人会比我更傻,我花 5 元钱买来的东西很快就会有人以 10 元钱买走。然后这个人听了别人的宣传,就真的认为它是黄金了,认为值 100 元钱,到时候他还觉得自己买便宜了呢。"

你看,这个人就像上一个故事里那些疯狂囤郁金香的赌徒,他心里想着自己买贵了无所谓,只要找到一个比自己更傻的人,把这个东西卖给他,那就依然是成功的。这样,不仅不会赔钱,而且还会赚钱。

类比到生活中,就如黄金价格下跌时的样子。有些人开始疯狂地购买黄金,然后再在黄金上涨时卖出去。这样的人往往胆子特别大,因为他这种赌徒心理,会使他大胆地走别人不敢走的路。这时,成功和失败就放在同一个天平上,他敢去赌,成功就会偏向他那边。

这样的做法看起来好像存在很大的侥幸，不过也还是有规律可循。用"物极必反"来形容,恰到好处。一个东西到了极限,它会像一个弹簧一样迅速反弹。

因此,才会有那句话："东西大涨之后就必然会大跌。"然而这些道理我们都懂,可真正敢去这么做的人却很少。

在任何事情里,一个人的行为都有他的出发点和规律。而我们看到的物品的价格大涨或大跌,除了市场的变化多端外,其实也有它自身的规律。

可见,如果我们不想成为这场游戏的参与者,那么我们就要看清事情的本质,然后想办法去解决问题。这样,无论它看起来多难、多无从插手,我们也能够用简单的方法去解决。

就像我们十分耳熟的那句话："当局者迷,旁观者清。"看清事物的本质非常重要,这是决定我们能否避开成为那个最傻的傻瓜的基础。因为傻瓜总是跟着大众的行为慢慢变傻的。

其实,在生活中东西价格大涨和大跌的现象还有很多,比如,非洲猪瘟致使猪肉价格上涨;海南香蕉价格暴跌,蕉农走投无路……这些事情几乎每天都在上演。

而这时,有些商人认为有利可图,便大肆改变经营方式企图获益;有些商人认为情况还会变化,便摸着石头过河。

通过博傻理论,对于这些,我们总结出下面两个道理：

第一,如果你足够聪明、足够大胆,那么在面对机会时,抓住机会用力拼搏,保持清醒的头脑,在合适的时间还能镇定退出。

第二,如果你足够稳重、足够谨慎,那么在面对机会时,认真分析利弊,权衡值不值得拼搏后,再等待合适的时机,等更傻的"傻瓜"接手。

总之，不管怎么样，只要不想做那个最傻的傻瓜，那就最好不要在巨大的利益面前丧失清醒的头脑。

04　酸葡萄效应：乐观至极有时候也是一种消极

在生活中，你是否遇到过这样的情况？本来做了一件事情，可一旦最终的结果不是我们想要的，我们就会不自觉地给自己的失败找各种各样的理由，并且从心理上告诉自己，即使成功了，也未必会变得多好。

于是，我们就这样坦然地接受了自己的失败，而不是分析失败的原因。

若你经常这样，那多半是"酸葡萄效应"在起作用了。

什么是酸葡萄效应？这要从《伊索寓言》的一个故事讲起。

狐狸又渴又累，它在寻找食物的过程中，看到了一个葡萄架，口水顿时流了下来。它想尽办法去摘葡萄，奈何葡萄架实在太高了，无论它怎么跳都够不到葡萄。

一段时间过去了，虽然狐狸依旧很想吃葡萄，但再没有了继续摘葡萄的想法，它觉得自己实在没有办法摘到葡萄。就在狐狸十分沮丧的时候，它突然笑道：

○ "葡萄现在肯定还没有成熟，多半是酸的。"

　　说完，狐狸便转身离开了葡萄架，去寻找新的食物了。

　　事实上，葡萄真的是酸的吗？其实并不是，只是狐狸够不到葡萄，为了安慰自己才这么说的。而这样的结果就是，狐狸确实摆脱了当时的沮丧，变得快乐很多，但它终究还是没有吃上葡萄。

　　通过这个故事，人们提出了"酸葡萄效应"，指的是当人们真正的需求没有办法得到满足的时候，就会产生挫败感，然后这种挫败感就会让我们不自觉地去编造一些理由安慰自己，以此来消除自己内心的不安以及消极情绪。

　　换言之，酸葡萄效应其实是一种对自我情绪的缓解，它减少了我们因为未实现目标而产生的挫败感、焦虑感等，保护了我们的自尊心，给自己的失败寻找一个合理的解释，让我们重新面对现实，但如果过度地采用酸葡萄效应，就会变成"阿Q精神"般的盲目乐观。

　　什么是阿Q精神？它来源于鲁迅先生作品中的一个人物——阿Q。

○ 阿Q在赌博时，被人家抢走了一堆很白很亮的洋钱。这件事情对他而言是莫大的失败，然而他随后却用力地在自己脸上连打了两个嘴巴子。虽然脸上热辣辣的，有些痛，但打完之后，他又心平气和起来，得意扬扬，似乎被打的不是自己，而是自己打了别人一般，这样他就又"胜利"了。有时他挨了打,被别人逼着骂自己是虫子,起初还有些难过,但不一会儿,他就再次"胜利"了。

他心想:自己是第一个能自轻自贱的人,除了自轻自贱不算外,剩下的就是"第一"。状元不也是"第一"吗?他以这个"第一"而自豪。

他在庄子里常常被人打,每当被打之后,他就会很小声地念叨:"现在的世道太不成话,儿子打老子。我总算被儿子打了。"这样一想,打他的成了他的儿子,而他则成了别人的老子,他也就又"胜利"了一次。

还有一次,赵家被抢,这本不关他的事,但他却被抓到县衙门,稀里糊涂地招认了。他在监狱被抓进抓出,心里却很坦然,认为"人生天地之间,大约本来有时要抓进抓出,有时要在纸上画圈圈的"。

最后当他要被拉出去杀头,游街示众时,他却安慰自己:有时虽然着急,有时却也泰然;似乎觉得人生于天地间,本来有时也未免会被杀头的。

这种架空的、精神上的胜利,遮掩了他现实中惨痛的失败。这种精神胜利法使得他无视欺辱,不愿去反抗欺辱,最终永远安于被欺辱的地位。其实说到底,阿Q的精神胜利法不过是在精神上麻痹了自己,从而让自己能够更好地接受现实。可这样的接受与掩耳盗铃没有任何区别,只能越活越窝囊,最后把自己的人生变成笑柄。

过度的酸葡萄效应也是如此，盲目地给自己找各种理由和借口，不去分析失败的原因，便会活成自己骗自己的情况，最后人生会被废掉。

因此，酸葡萄效应警醒我们：在遇到事情的时候，可以用乐观的态度去面对生活，但是这个乐观一定要符合自己的现实情况，把握好乐观的度，不然就像阿Q一样，自己骗自己，最后变成一种消极的乐观。

分享一个乐观至极的故事：

美剧《小谢尔顿》中，天才小谢尔顿上了大学，班上来了一名与他同龄却比他小一些的女生。小谢尔顿立刻有些不高兴了，满脸不屑地看着小女生想："我还没这么不爽地坐在别人的旁边过。"

随后，在回家的路上，他傲娇地跟妈妈要一个理由，并且拒绝承认自己是嫉妒那个小女生。他对妈妈说："我有一种我不太熟悉的情绪。"他的妈妈问他："是怎样的情绪呢？"

小谢尔顿说："我就是觉得她年龄比我小，因此不高兴。"妈妈说："那很有可能是嫉妒。你很在乎斯特吉斯博士，而现在他把注意力都放在别人身上。你曾经是班里唯一聪明的孩子，现在又多了一个，你一直以来的优越感被打破了。"

小谢尔顿恍然大悟，他是天才人物，从小到大，一直觉得自己是很聪明的人，很有优越感。然而这个

○ 比自己年龄还要小的女生的到来，影响到了他的优越感，或者说，影响到了他一直以来乐观至极的态度。

在生活中，我们常常会被莫名其妙地讨厌，或者莫名其妙地讨厌别人，这其实是你的嫉妒心在作祟。而这种嫉妒心，就来源于酸葡萄心理。

就像故事当中的小谢尔顿，他自以为自己是最聪明的，但又出现一个厉害的人，并且是个女生，还分走了教授的关注。在他心里，应该不会有人比自己更小、更优秀，而被现实打脸后，他就会乐极必反，产生嫉妒心理。

因此，我们做人做事，是绝对不能盲目乐观的。一定要注意把握乐观的度，这样才不至于乐观到头，被酸葡萄效应所影响。

不过如果能正确地利用酸葡萄效应，我们也能获得很大的好处。大家一起看下面这个故事：

○ 　　20世纪80年代，美国通用电气公司里有一位年轻的工程师接到了一个新型塑料的研究任务。
　　在这个新型塑料的实验中，一台设备突然发生爆炸，导致价值3000多万美元的设备和整个厂房一起化为灰烬。这位年轻的工程师顿时感到无比沮丧和失落。
　　在后续接受公司一位高层领导的调查时，领导问他："我们在这个实验中得到什么结果了吗？"这位工程师回答："结果是这个实验行不通！"领导就笑着对工程师说："工厂设备烧毁了我们可以再建造，关键是我们得到了这个宝贵的经验!"

接下来这位年轻的工程师不再沮丧和悲伤,他更加有信心地去尝试另外一些方法,最终他在这个领域取得了巨大的成就。这位工程师就是带领通用电气走向世界并被大家称为"世界第一CEO"的杰克·韦尔奇。

如果当时那位高层领导是另一种心态,或许因损失过大失去理智暴怒,对韦尔奇大发脾气;又或者一直悲观地发牢骚,抱怨损失了多少钱,会对公司造成多么严重的影响,而不是这种适度合理的乐观心态,就不会是这样一个结局了。

可见,对于一件事情的失败,若是用沮丧和悲伤的心态去思考,得出来就是很坏的结论。若是用积极乐观的心态去思考,那么得出来的结论也会让自己的坏心情得到很好的改善。

无论在生活中还是在工作中,我们做事的态度都要潇潇洒洒,失败了就给自己来点"酸葡萄",如果改变不了结果,那就改变自己的心态。

像这位领导一样,带有适度的乐观,那么问题很可能会有不一样的结果了。合理地运用酸葡萄效应,适度地乐观,带给我们的好处超乎想象。

俗话说:"百年人生,逆境十之八九。"积极的心理防卫确实能够帮助我们更好地去生活、去适应社会,可是如果我们沉迷于用这样的方式来麻痹生活里所有的逆境,那么我们就会被它的副作用所反噬。

只有正确地看待乐观,我们的人生才不会停滞不前。

05　霍桑效应：关心，可以改变一个人的人生

上学时，如果老师经常询问你的学习情况、表现，对你非常关心时，你在学习时会更加用心；工作时，如果领导经常关心你的工作环境和办公条件，你在工作时会更加卖力。

当你感觉到别人正在关注你的时候，你的行为是不是会不自觉地发生一些改变。

这种现象在心理学中被称为"霍桑效应"。

"霍桑效应"这一术语来源于20世纪20年代美国西方电力公司的霍桑工厂，对如何提高工人生产效率的一项叫作霍桑实验的研究。

从1924年到1932年，整个霍桑实验从开始到完成足足用了8年时间。实验最初的目的是想研究什么对工人生产效率有影响。于是，研究人员隔离了两组工人，通过改变光照强度设计了实验。

通过实验组与对照组比较后，研究人员感到十分困惑，因为两组的生产效率都没有提高，这说明不同的光照强度并没有影响工人的生产效率。于是，研究人员改变了其他条件继续做实验，比如工作时间、休息时间等，然而无论他们怎么改变那些外部条件，工人的生产效率都没有发生明显的变化，实验也迟迟得不出结论。

这样的结果令许多人不解，研究人员意识到一定还有其他因素影响工人的生产效率。于是实验进入下一个阶段，研

究人员设计了一系列访谈实验，让工人们有机会表达意见和发泄情绪。

最后的结果却是，工人的生产效率得到了提高。

通过这些实验，该实验的首席研究员埃尔顿·梅奥提出了"霍桑效应"，他认为提高生产效率的关键因素并不是由于物质环境的变化，而是来源于研究项目本身，即研究项目本身让工人们感觉自己受到了重视，于是就会产生一种内在动力让他们变得更好，以证明自己是值得被关注的。

简单地说就是，当人们意识到自己正在被关注或者被观察的时候，会刻意去改变一些行为或者言语表达。因此，霍桑效应的作用是，受到关注，有时候真的可以造就一个人。

分享一个故事：

国外的一所学校，在入学时，会对每个学生进行智力测验，然后根据智力测验的结果把学生分为优秀班和普通班。

在管理处例行检查时发现一批学生的测验结果由于被颠倒了，分班也被弄错了。也就是说聪明的孩子被分到了普通班，智力测验结果不好的孩子被分到了优秀班。

然而有趣的是，优秀班的成绩依然优秀，普通班的成绩依旧普通，两个班级的成绩还是有很大的差距。

为什么会出现这样的情况？因为原本普通的孩子被当作优等

生关注，他们自己也就认为自己是优秀的，额外的关注加上心理暗示使得丑小鸭真的成了白天鹅。

这就是霍桑效应在起作用。可见，有没有受到关注是一个人进步与否的关键。

其实生活中有许多事都体现了霍桑效应，只是我们平时没有过多地注意，就比如，我们常常会因为有人多看了自己几眼，而产生被人关注的感觉，就会马上整理自己的头发和衣服，行为举止都变得更加优雅和得体。

由此，我们可以得出，要想让我们的生活更好，利用霍桑效应来激发潜力，是一件非常好的事情。

我们可以进行自我暗示，你认为自己是什么样的人，你就能成为什么样的人。当我们经常对自己进行乐观积极的暗示时，我们就很可能变颓废为振作，从而在工作中做出成绩，让领导对你刮目相看。

简单总结就是，如果你想改变一个人，可以给予他充分、积极的关注，让他感觉到自己的行为是被人期待的。很多时候，一个微笑、一个眼神、拍拍肩膀，可能远比物质上的支持与奖励更能够鼓舞人。

看了下面这个故事你就能明白了：

国外的一些企业中经常会有一种奇怪的制度，比如发泄日，英文为 Hop Day。这是一些企业老板专门为员工设置的，在这天，员工可以随意地发泄不满和抱怨，对上司开玩笑、提意见，甚至顶撞老板都是被允许的。

这样一来，员工平日里积攒的不满情绪能得到极大程度的宣泄，大大缓解了工作压力，也因此能够专心地投入工作之中，而不是带着消极的情绪去工作。不仅如此，这个制度还能够增强员工对企业的忠诚度。尤其是在日本，你经常能在企业中看到一些工作了三四十年的老员工。

你看，公司的管理本质上是对员工和沟通效率的管理。发泄日为员工和领导之间提供了很好的沟通机会，能够把人从某一种积压了很久的状态中引导出来，让他们感受到公司对其的重视，从而提高工作效率。可见，霍桑效应本质上是一种沟通效应。

其实，人们往往无法全面、客观地认识自己，尤其是在失意彷徨的时候，很容易灰心失落，陷入情绪的低谷。这时，旁观者的关注，尤其是来自亲近的人的劝慰、激励，是一种对心灵的抚慰，会对他的心情和行为等产生巨大的影响。

在必要的时候，还可以运用善意的谎言来强化这一效果，如"今天你们老师夸你在班级里表现得很好，妈妈相信你一定可以越来越好！""领导之所以把这么艰巨的任务交给你，是因为觉得你有这个能力，相信你一定可以做好。"这样的语言很可能会激发对方的积极性，让他有奋发向上的动力。

如果得不到亲近的人的关怀，就很有可能会产生一些负面的情绪。

国内有一档城市叛逆少年与乡村乖巧孩子互换生活的节目，很多人都批评节目里那些生活条件优越却不好好学习的城里孩子，觉得明明他们的父母已经给了他们那么好的物质条件，他们却不知道感恩，还恶语相向。

其实，这些孩子之所以如此叛逆，大多是因为没有得到来自家人的关怀。

如果在生活中，他们的父母能够给予他们多点关怀，关注他们的情感需求，而不仅仅是满足物质条件，亲子关系也不会这么紧张。

人的一生中，总会有着各式各样的愿望。有些愿望看似很遥远，很难实现，但当你坚信自己可以做到，并有旁人一直鼓励你的时候，你离实现愿望的那一天是很近的。

霍桑效应的有趣部分在于它有助于我们改善生活中的行为。因为别人的关注，我们会收敛自己的一些不好的行为习惯，而去向别人展示一个完美的形象。

想想你是不是也会这样，是否也曾因为别人的鼓励或自己的坚信而获得过意想不到的成功，或者身边是否有朋友因为"霍桑效应"的作用成功过。

生活中，我们应多关心身边的朋友，渴望被重视其实是一种普遍存在的心理需求，也许你的关注会让他们变得更好，同时也别忘了多关注自己。

06 踢猫效应：管理坏情绪，别让它产生连锁反应

在生活中有很多突然而来的压力，比如今天听说隔壁的小张因为中了一张500万元的彩票，可你还处于拼命脱离贫困的阶段；或者，刚打开朋友圈，看见谁买了一辆宝马车，而你还站在拥挤的地铁上。

别小看这样的压力。这种压力很容易导致人情绪不稳定，从而做出一些自己都无法控制的事情来。

其实，这种现象来源于心理学中的一种效应，叫作"踢猫效应"。

什么是踢猫效应？它来源于一个故事：

> 一家企业的董事长亲自制定了一条规定：要求每位员工必须按时上下班，并且由办公室人员具体负责把考勤与工资、奖金、福利等直接挂钩。
>
> 这样的制度形成以后，董事长表现得非常积极，以身作则。他每天早早起床开车来到公司考勤打卡，然后一直到很晚才下班回家，成为所有员工的榜样。
>
> 然而有天早上董事长比平时起床晚了一些，他害怕迟到，所以洗漱吃饭都比平时迅速了很多。但他低估了上班高峰期的可怕程度，他的车还没有别人的自行车走得快，他的心情逐渐变得烦躁起来。最终他还是迟到了，打卡后，他带着情绪去了办公区。
>
> 他首先看到了办公室主任，质问道："你最近的工

作是怎么做的？为什么一直不见有成效？再这样默默无闻下去，我就撤了你！"

发泄完情绪的董事长转身离开了，但办公室主任又开始冒火了，在心里抱怨："我辛苦的时候，你看见过吗？公司离开我行吗？大事小事都得我操心，看我为公司付出了多少！竟然对我说这样的话！"

这时，办公室主任正好看到秘书在修打印机，立刻就冲着秘书嚷嚷："大事小事都做不好，连个打印机都能弄坏，要你干什么吃的？做事的时候永远不够仔细认真，再这样下去，你就不用干了！"

秘书刚刚摆弄好打印机，满手的碳粉还没有来得及清洗，就这么被臭批了一顿，心里很不是滋味："打印机又不是我弄坏的！"秘书气鼓鼓地回到自己的工位，越想越气，连午饭都没有吃，直到下班时还是闷闷不乐的。

就这样，一天过完了，秘书憋着怒气回到家。进屋一瞧，儿子把厨房搞得一团糟，顿时来了气："我说你这孩子净添乱，赶紧写作业，不然我就把你丢到大街上，不要你了！"

儿子满脸委屈，自己是想替妈妈做顿晚饭才把厨房弄乱的，但看着盛怒的妈妈，不敢出声，只好委屈地站到走廊里，一脚把熟睡的大花猫踹醒。这只大花猫受了惊吓冲到了马路上，结果引发了连环车祸。

看吧，踢猫效应就是这样，地位高的人把气撒给地位低的人，形成了坏情绪的传递，这种负面情绪最终很可能酿成大祸。

通过这个故事，心理学家提出了踢猫效应，他们认为：当人的不满情绪和糟糕心情很多时，一般会沿着等级和强弱组成的社会关系链条依次传递：由强大的人逐渐扩散给弱小的人，而无处发泄的、最弱小的那一个人，就会成为最终的受害者。

简单地说就是，一种典型的坏情绪的传染效应。如果人们不能及时调整这种不稳定的情绪，就会身不由己地加入"踢猫"的队伍当中——被别人"踢"和去"踢"别人。

其实，每个人很可能都是踢猫效应长长链条上的一个环节，遇到地位比自己低一等的人，都有将愤怒转移出去的倾向。当一个人沉溺于负面或不快乐的情绪时，就会越来越不开心，觉得事事不顺。当他把怒气转移给别人时，就是在传递糟糕的心情，久而久之，就会形成恶性循环。

在现实生活里，我们很容易发现，许多人在受到批评之后，不是冷静下来想想自己为什么会受批评，而是心里面很不舒服，总想找人发泄心中的怨气。

其实这是一种没有接受批评、没有正确认识自己的错误的一种表现，从而让自己陷入踢猫效应，不仅于事无补，反而容易激发更大的矛盾。

因此，踢猫效应提醒我们：把糟糕的情绪从自己身上断掉，减少对他人的负面影响，共同营造良好的工作氛围和生活氛围。如何做？答案是学会控制情绪。

研究表明，愤怒的情绪会让人血压升高、心跳加速。也就是说，经常生气的人更容易患心血管疾病。正如中医说的"气大伤身"，因此，我们要学会好好地面对他人的坏情绪，控制住自己，不要让自己也变得愤怒。

分享一个故事：

> 著名作家哈理斯和朋友在报摊上买报纸。买好报纸后，朋友礼貌地对摊贩说了声谢谢，而摊贩却是冷脸相对，一言不发。
>
> 哈理斯很奇怪地问朋友："这家伙态度太差了，怎么能这样？"
>
> 朋友淡定地回答："他每天晚上都是这样的。"
>
> 哈里斯又问道："那你为什么还是对他那么客气？"
>
> 朋友反问哈里斯，说："那我为什么要让他影响我的情绪呢？"

你看，没有必要让别人的坏情绪影响自己，那不值得。当一个人对你发脾气时，你大可不往心里去，没有必要为了别人没有原因的指责而影响了自己的好心情。

同时，我们可以放平心态，换位思考。有不少生活中让人们感到愤怒的事情，都是因为你过于在意这些东西，就比如和邻居因为一点小问题就陷入争吵，而当你站在邻居的角度想想时，就能通过理解，很好地解决这点小问题。

分享一个让人唏嘘的故事：

四川广元的一个家境贫寒的家庭,丈夫和妻子经营一个养殖场,日子渐渐地好了起来。这时他们发现儿子开始沉迷网络游戏、逃课上网,成绩更是一落千丈。

夫妻二人多次在网吧找到儿子,终于妻子忍不住当场爆发,对儿子说道:"你再上网,我现在就跳江!"妻子边说边往附近的江边跑去,大叫了一声便跳了下去,随着一阵水花,妻子消失不见。而丈夫听到声音赶来,愤怒地给了儿子两脚。出乎意料的是,下一刻,儿子平静地看了他一眼,一句话也没说,翻身也跳了下去,消失在了滚滚江水中。

悲痛欲绝的丈夫情绪瞬间失控,也要跳下去,还好被及时赶来的民警救下了。

原本好好的一家三口,竟落得如此下场。

这个悲剧很符合踢猫效应。坏情绪从强者传向弱者,最终,无处发泄情绪的弱者就成为坏情绪的牺牲品。

对妻子而言,儿子频繁逃课上网、成绩一落千丈让她着急。面对不懂事的儿子和非法营业的网吧老板,她很无奈。这种情绪不能及时疏导,导致她心力交瘁,最后走向极端。

而对丈夫来说,固然后悔,但也无法改变妻子跳江的事实,于是就把这种愤怒的情绪传递给儿子。此时,他们的儿子变成了最弱小的一个环节。

这个孩子一时间也吓傻了,怎么也没想到自己的行为会害死母亲,心里内疚至极。被父亲怒吼和踢打之后,他的内心情绪无处发泄，也随着母亲一同走向极端。

如果你想发火的时候，不妨先换位思考一下：如果你是那个被责骂的人，听到自己将要说出口的这些话会是什么感受，或许你的怒火就会消退一部分了。当你实在无法控制自己的愤怒情绪时，可以找个电影看看转移自己的注意力，或者听听歌，健身也是不错的选择。

尽快让自己离开不满的心境，做自己喜欢的事情是最好的办法。

有些人一直认为自己不快乐，就是因为他们固执地让自己的情绪不肯离开那些令人不快的事情。但那样的话，除了折磨自己的身心之外毫无益处。

把注意力转移到其他事情上，就是为封闭的心胸打开一扇门，忘却那些烦恼才会投入正常的生活中。

总之，一定要记住，加入"踢猫"的队伍当中对我们一点好处也没有。所以，我们要做的，是控制好自己的情绪，换位思考以及转移注意力，这样，就不会被踢猫效应卷入更大的不幸。

07　节俭悖论：会花钱的人才会赚钱

不知道你有没有发现，在我们的一生当中，有很多人省吃俭用一辈子，却没有什么积蓄，有钱的人花钱如流水，钱却越花越多。

实际上，穷人始终节俭，舍不得花钱，却并没有因此而拥有大笔财富；富人花钱大手大脚，懂得赚钱，于是越来越富。

其实，这就是所谓的"节俭悖论"。

1936年，凯恩斯在《就业、利息和货币通论》中讲了一个古老的寓言：

一窝蜜蜂的蜂巢中十分繁荣兴隆，所有的蜜蜂都大吃大喝。直至后来有位哲人教导它们不能如此挥霍浪费，这群蜜蜂听了之后觉得哲人说得很有道理，一个个争当节俭模范。结果就是整个蜂群迅速衰败，一蹶不振。

通过这个寓言，凯恩斯提出了著名的"节约悖论"：节约对于个人来说是好事，是一种值得称赞的美德，但对于整个国家来讲，则是一件坏事，会导致经济萧条衰败。

凯恩斯的上述观点在现代西方经济学界得到了相当普遍的认同，许多不同版本的西方经济学教科书都相当醒目、相当郑重地向读者介绍这一思想。

这个思想简单一点来说就是，财富并不是节俭出来的，而是赚出来的。

分享一个故事，你就能明白很多：

富豪在街上遇到一个正在乞讨的乞丐，觉得他非常可怜，便随手给了他300元钱。并说道："当年我就是靠300元钱发家致富的，希望你也能凭借这些改变自己的命运。"乞丐听了之后非常感激地接受了富豪给的钱。

在这之后，乞丐拿着这些钱省吃俭用。然而300元钱并不经花，很快就花光了。等到后来富豪再次经过那条路的时候，他赫然发现乞丐依然在街上乞讨，觉得非常失望，就没有再给他钱。

很显然，在这个故事中，穷人和富人在对待财富时的观点是截然不同的。穷人觉得，钱会越节省越多、越攒越多，除非到了万不得已的时候，其他时间就尽可能不花钱。而在富人眼中，钱除了花出去，还有赚回来的功能，并不需要为了攒钱而过于节俭，这是思维的不同。

"节俭悖论"的意义正在于此，会花钱的人才会赚钱，他们拥有能将钱升值的能力，而并不是一味地守着现有的财富。

当然，所谓的"会花钱"并不是随便乱花，而是有计划地花钱，通过理财和投资将目前的财富收益最大化，让钱生钱，具备赚钱的能力。

但它的前提是，不要过度消费和超前消费。如果花钱去买一些完全没有必要购买的东西，那么钱财就会被白白浪费。赚来的钱应该用来提高自己的生活品质，而不是一味地省吃俭用，钱本来就是为了人类的生活而服务的，如果为了攒钱而丧失了生活本来的乐趣，那么钱就失去了它存在的意义。

同时，如果只是把"钱是赚出来的"奉为信条，便大手大脚地花钱，那么其不能作为你铺张浪费、不知节制的理由，因为你扭曲了它原本的含义。

分享一个故事：

一个小镇里的居民每天挥霍无度，赚了 5 元钱就敢消费 10 元钱，等到没钱的时候就刷信用卡借钱过日子。然而就是这样一群居民，他们小镇的经济却一直很景气。

直到一位经济学专家路过这个小镇,看到这个景象,大呼不行,下定决心要给他们上一课,教会他们勤俭节约。于是,经济学专家召集居民,开了演讲会,大谈如何勤俭节约。

小镇居民听专家这么一说,感觉十分有道理。自己不攒点钱,怎么给儿子买房子、娶媳妇啊。15日后,所有的小镇居民都贯彻了艰苦朴素的思想,省吃俭用。

这时候奇怪的事发生了,不再铺张浪费的小镇的经济迅速衰败了下去,到处都是沿街乞讨的流浪汉。

钱的作用本就是投资事业、投资自己、投资家庭,为了过上更好的生活而投资。可若是不花钱,存款就变成了一堆没有任何意义的数字,心里的贫瘠远比物质的匮乏更可怕,赚了钱却不知道该怎么花的人才更可悲,因为他们根本就不知道赚钱的意义何在。

但纵容自己过度消费、超前消费的人也是赚不到钱的。好钢用在刀刃上,钱也应该用在刀刃上,这是一样的道理。

其实所谓的"投资",就是看值不值。得到的回报是否高于付出的代价,物品的价值是否超出了付出的钱财。

分享一个故事:

生意破产的小老板拿着祖传的宝物想要换钱,积累资本,东山再起。

> 首先他找到了典当行的老板,得知这东西能当100元钱,便转身走了。他又找到了二手拍卖行的老板,拍卖行老板觉得这个物件外观很不错,应该会有人来拍下,便给出了1万元的价格。小老板并不满意这个价格,最终找到了博物馆的馆长,馆长看到这个物件当场惊呼,并愿意给出100万元的价格收藏这个古董。小老板欣然同意,两人愉快成交。

你看,对于典当行老板来说,所谓的"宝物"只是最普通的物件,所以只能当100元钱。而对于二手拍卖行的老板来说,这物品好看,但实用价值不高,所以能值1万元。对于收藏家来说,它是古董,是无价之宝,所以值100万元。

同一个物品,在不同人眼中就产生了截然不同的价值,在不同的情况下价值也会截然不同,这就是投资的意义。值不值得,其实就是通过得到的"效用"来评估的。如果得到的效用远大于付出的代价,那就值得,反之则不值得。

那么我们到底怎么花钱,才能把钱用在刀刃上?在理财投资类的书籍里,举过这样的例子:

> 一个公司的普通小职员,去拜访客户,走到地铁站要花5分钟,坐地铁还要20分钟,如果下雨,他还是会选择花几十元钱打车,虽然打车确实花了更多的钱,却避免了浪费将近1个小时的时间和淋雨赶路的狼狈。

○ "股神"巴菲特曾经用每股 5.22 美元的价格买了 10.2 亿股可口可乐股票。后来可口可乐每股价格涨到了 42 美元,是巴菲特最初投资时的 8 倍多。

你看,以上两个故事中有一个共同的特点:决定是否要花钱,取决于得到的利益是否大于需要支付的金钱,也就是说,有没有花钱的必要。

当然,学会如何花钱也并不是件容易的事情。比尔·盖茨说,巧妙地花一笔钱和挣到这笔钱一样困难。

你的钱可以用来"投机",在合适的时机投入,以获取更多的利益;可以用来投资,将钱用在合适的地方,以获取更高的价值。当然,你的钱也可以仅仅用来消费,用钱财换取高质量的生活和快乐,也是个不错的选择。

如果你不知道你的钱还可以拿来做什么,不妨试试投资自己吧。学习一门新的技能,好好保养自己的身体,这些都是对你自己的投资。

生活上的消费不能仅仅看"效用",它还和很多因素有关,比如你的兴趣、你的实际情况等很多因素。但是,通常会花钱的人更能赚钱。

要知道,钱永远是用来服务人类的,如果不花钱,就没必要赚钱。就像很多人说的,如果不需要吃饭就不需要赚钱,不需要赚钱就没必要工作,这是一样的道理。

保罗·奥斯特说过:"整个一生,我都梦想成为百万富翁。我要的并不是金钱所代表的东西,不仅仅是世人眼中的成功,而是一种令自己变得遥不可及的方式，拥有金钱并不意味着有能力购买东西，它更意味着世上的需求永远不会影响你。金钱意味着保护，而非乐趣。它是解药，以防我们被欲望的毒蛇咬到。"

其实如果我们仔细想想就会发现，我们每个人都向往实现财富自由，希望被动收入远大于支出，即使不工作，也能源源不断地有钱进账。这就是学会花钱真正的原因。

你对金钱的态度决定了你对人生的态度，也决定了你的人生将会如何发展。我们应该树立正确的消费观念，不应该铺张浪费，大手大脚，也不应该一味地省吃俭用。学会理财，学会花钱，有时候能让你赚到更多的钱、提升生活品质、拥有更美好的生活。

学会利用金钱，学会利用节俭悖论！

08 二八定律：化繁为简，把时间花在关键的地方

不知道你有没有发现，生活中我们大多数人每天都在忙忙碌碌，耗费了大量的时间，可做成的事情却少之又少。仔细研究其中的原因，其实是因为我们没做好时间管理。

网上流行着一句人们自我调侃的话："两眼一睁，忙到熄灯。"这句话说出了很多人的生活状态。

其实，懂得了心理学中的"二八定律"，这个问题就会迎刃而解。

二八定律，最早是从约瑟夫·朱兰根据维尔弗雷多·帕累

托当年对意大利 20% 的人口拥有 80% 的财产的结论而推论出来的。

1897 年，意大利经济学者帕累托注意到 19 世纪英国人的财富和收益模式。在调查取样中发现，大部分的财富流向了少数人手里。同时，他还从早期的资料中发现，在其他国家，都有这种类似的现象，而且在数学上呈现出一种稳定的关系。

帕累托从大量事实与调查结果中发现：社会上 20% 的人占有 80% 的社会财富，也就是说，财富在人口中的分配是不平衡的。

通过这个结论，维尔弗雷多·帕累托提出了最早期的"二八定律"。他指出，在任何特定群体中，重要的因子，通常只占少数，而不重要的因子则占大多数，因此，只要能控制具有重要性的少数因子，就能控制全局。

后来，约瑟夫·朱兰在此基础上完善了"二八定律"。他认为，原因和结果、投入和产出、努力和报酬之间本来存在着无法解释的不平衡，而二八定律成为这种不平等关系的简称。

二八定律从方方面面影响着我们的生活，对于时间管理而言，它同样适用。总结成一句话就是，我们要把 80% 的时间花在最有价值的 20% 的工作上。

有位老师给学生做了这样一个实验：

老师拿出一个大瓶子放在桌子上，然后取出了一堆拳头大小的石块放进玻璃瓶。直至石块高出瓶口，再也放不下了。这时他问学生们："瓶子满了吗？"所有学生回答说："满了。"

老师反问:"真的?"他伸手从桌子下拿出一桶砾石,倒了一些进去,而且敲了敲玻璃瓶壁使砾石填满下面石块的缝隙。"现在瓶子满了吗?"他第二次问道。

"没满!"学生们再次回答。老师说着,又伸手从桌子下拿出一桶沙子,慢慢倒进玻璃瓶,这下,沙子填满了石块和砾石的所有缝隙。他又一次问学生:"满了吗?"

"没满!"学生们大声说。老师点点头,满意地拿过一壶水倒进玻璃瓶,直至水面和瓶口一样高。随后,他抬头看看学生,问道:"这个例子说明了什么?"一位非常积极的学生举手发言:"无论你的时间表多么紧凑,如果你再努力些,你还可以做更多事情。"

"不,"老师说,"那不是它真正的意思,这个实验告诉我们,如果你不是先放大石块,而是先放其他东西的话,当其他东西占据了大部分空间时,那你就再也不能把大石块放进瓶子里了。"

老师顿了顿,继续说:"现在请大家思考,什么是你生命中的大石块?与自己爱的人共度时光?是信仰、教育还是梦想?不管是什么,一定要记得先去处理大石块。"

这个实验里,大石块指的就是我们生命中最有价值的事情,能给我们带来更多收益的重要事情。它和二八定律中的"二"是相同道理。对于人类而言，时间是非常重要的资产，但它又不同于金钱，金钱可以被储蓄，用完了还能再赚，可时间的每一分、每一秒逝去之后，就再也找不回来。在有限的时间里，谁能最大限度地减少浪费，谁就是赢家。

如果想要以更少的行动来获得更多的收益，我们就应该不断地问自己：当下摆在自己面前的最重要的那件事是什么？能带来80%收益的那件事是什么？

找到它，把你的所有的精力都专注于这件重要的事身上。放弃那无用的80%，你会发现，这20%往往决定了你这一生的走向。

但是生活中有很多人不明白这个道理，分享一个身边的故事：

公司的设计总监阿伦，是当之无愧的工作狂。他每天都要花上六七个小时来做设计和研究。此外，他还要操心部门里的其他事务，因为只有亲自参与部门里的每件事，他才能放心。所以，即使人不在办公室，他也会时常打来电话催促。

胡小兰经常看见他风尘仆仆地从外面回来，然后又急急忙忙地出去。胡小兰问阿伦："你怎么每天都这么忙呀？"

"我管的事太多了，时间不够用。到现在还有一堆事拖着没做呢！"阿伦一脸无奈地说。

时间久了，阿伦的时间根本不够用，他最主要的设计工作受到了很大的影响，经常是到了最后期限才能拿出作品。有时因为时间太紧，设计出来的作品不达标，老板已经几次表示了不满。

想着平日里与阿伦的关系还不错，胡小兰对阿伦提醒道："你为什么要忙成那样呀？管好你的时间，做好重要的事就行了。"这句话点醒了阿伦，他发现，自己忙了半天，真正有价值的事很少。之后，他听了胡小兰的话，把那些无关紧要的小事都交给了助手，自己集中精力做设计。

一段时间之后，他发现自己做事的效率提高了很多，设计的作品质量也比之前设计的要好得多。

你看，很多人都像阿伦一样，喜欢事必躬亲，其实最后累得连最重要的事情都没有时间去做，但如果他懂得能够让专人做专事，那么他所有的忙碌紧张的状态和工作效率、创造的财富，都会变得不一样。

可见，真正的时间管理是，化繁为简，把 80% 的时间花在最有价值的 20% 的关键事情上。

一个人的时间和精力都是非常有限的，要想真正做好每一件事情几乎是不可能的。很多时候，我们对事情的"完整性"特别执着：一本书一定要从第一页开始读，不能错过每一个字；学习一定要从整点开始，不然就感觉它缺失了什么。

其实这完全是过于追求完美的心理在作祟，这样不仅效率低，还会特别消耗我们做事的耐心。而二八定律的核心就在于，合理分配时间和精力，提高效率。与其想着面面俱到，还不如重点突破。

完成最重要的事，就像推倒第一块多米诺骨牌。接着，剩下的问题都会迎刃而解。虽然每块骨牌都很小，但每块骨牌能推动比它大一倍的骨牌。一旦传递下去，只要碰倒一块骨牌，整个多米诺骨牌都会被推动。

聪明的人会在适当的时候选择放弃。千万不要总想"鱼和熊掌兼得"，结果很可能是"竹篮打水一场空"。有时，我们也需要勇于放弃、善于放弃，这样反而能争取到完美的人生。

学好时间管理，掌握二八定律的诀窍，当用 80% 的时间专注于高收益的 20% 的工作时，你会发现工作效率提高了，时间的利用率也提高了，心情也变得更加舒畅了。

09　南风法则：雪中送炭的温暖才是王道

比起时常给我们提供帮助的人，我们更感谢在我们急需的时候给我们提供帮助的人，也就是说大多数人更喜欢的是雪中送炭的温暖。

也许你会觉得这个受到帮助的人对前者有些不懂感恩，可这就是人的普遍心理。

你不用感到奇怪，因为心理学中就有关于这种情况的描述，叫"南风法则"。

什么是南风法则呢？要从法国作家拉封丹写过的一则寓言故事说起：

南风和北风比试威力，看谁能够把行人身上的大衣脱掉。于是北风立刻吹了一阵刺骨的寒风，让行人不得不裹紧了自己身上的衣服。

而南风呢，它慢慢地吹，让人感觉风和日丽的，于是行人就解开了纽扣，脱掉了大衣。就这样，南风胜利了。

通过这个故事，人们提出了南风法则，即温暖胜于严寒。也就是说，无论是做人还是做事，温暖都比冷酷更有效。

这个法则常常被用于企业管理当中，来告诉管理者，对待下属要多点尊重和关心，多点理解和包容，这样他们才能够丢掉自己的情绪，积极地投身于工作中。这样的温暖胜过对员工大吼大叫、大吵大骂。

简言之，一个温暖的、充满快乐的氛围感，能让交流变得更加容易，能形成良好的动力。其实，人和人也是如此，横眉冷对终究没有什么作用，而如沐春风般温暖才更让人喜欢。

分享一个送温暖的故事：

> 商人生意失败，急需大量资金周转。
>
> 他主动上门找到了胡雪岩，开出低价请求他收购自己的产业。胡雪岩查证后，立刻调用大量现银，并且以正常价格收购了商人的产业。商人又惊又喜，有些不解地看向胡雪岩。但胡雪岩只是笑着说："我现在只是帮你保管你的这些抵押产业，等你过了这个难关，你随时可以再赎回你的东西。"商人听后含泪离开，对胡雪岩再三感谢。

有人私下问胡雪岩:"这样送上门的肥肉你为什么不吃?不仅不趁机压价,还给对方正常的价格。"

胡雪岩对此是这么解释的:"在我还只是店里的一个小伙计的时候,曾经常帮着东家催债。一次,在赶往一个债主家的路上,突然遇到大雨,旁边的陌生人被雨淋湿了。正巧那天我带了伞,就和他一起打伞。之后,下雨天我便常常给陌生人打伞。时间一长,那条路认识我的人多了。有时,即使我忘了带伞,也会有我帮过的人为我打伞。"

胡雪岩继续说道:"只有你肯为别人付出,别人才愿意为你付出。刚才那个商人的产业积攒不易,我若占了他便宜,可能人家一辈子都翻不了身。不如就当是投资,交个朋友。谁还没有遇到点难处,能帮就帮一点吧。"

后来那个商人赎回了自己的产业,胡雪岩可靠的合作伙伴又增加了一个。

我国有句古话,叫"树倒猢狲散,墙倒众人推",意思就是说一个人落难时,往往最能看清人的善与恶。可胡雪岩在这个商人落难时,不仅不趁机占商人的便宜,还仗义疏财,给了落难商人帮助。

这是一种难能可贵的温暖,而这种温暖也会在未来用另一种方式回报到我们身上。因为温暖是相互的,温暖也是可以接力的。

比如,你今天在人行横道礼让了一个行人,那么这个人在自己开车的时候就会记得要礼让下一个行人。如此循环下去，温暖是不是就传开了？

再如，你在别人危难的时候帮了他一把，那么在你危难的时候，自然也有人愿意挺身而出，并且这个人或许还会同样再救下另一个人。

我们常说："锦上添花易，雪中送炭难。"其实难的是什么呢？是我们没有真正落到实处去帮助别人。比如，别人缺钱，你只给别人一筐鸡蛋，让他们拿去卖。这个行为就好比，我说我不开心了，你劝我开心点一样，没有任何意义。

而南风法则提醒我们，做人应如雪中送炭般，让温暖一直传递下去。那如何才是雪中送炭呢？我们要先了解其典故：

宋太宗赵光义执政期间，有一年冬天格外寒冷，已经到了京城内滴水成冰的程度。

家家户户的屋檐下都垂挂着长长的冰棍，而宋太宗在皇宫里舒适地烤着炭火。听着窗外的寒风呼啸，他想到哥哥宋太祖，当时哥哥穿得厚厚的坐在龙椅上，而大臣们则是浑身打着哆嗦上奏。

宋太宗突然想到：自己住在皇宫中，穿着狐狸皮做的龙袍，烤着炭火，喝着美酒，都还是感觉到寒冷，那么那些缺衣少食的贫苦百姓，不知道已经冻成什么样了，别说是烤炭火了，可能很多人还是衣不遮体、食不果腹啊。他要想个办法解决这个问题。

想到这里，他便马上命人叫来了开封的官员，盼附道:"如今外边天寒地冻,那些缺衣少食、没有炭火的百姓,岂不难以过冬。你们现在马上替我去解决这个问题。"

宋太宗亲自下旨,开封官员不敢有丝毫怠慢,迅速带领手下,准备大量衣服、钱财、粮食和木炭,挨家挨户地送到了百姓手中。在宋太宗的关怀下,很多贫苦百姓度过了这最冷的一个冬天。他的善举拯救了很多百姓,也感动了很多百姓。

你看,可能有些东西对于一些人来说是很寻常的、不足为奇的,可它对于另一些人来说却是非常重要的。宋太宗能够注意到别人的需要,并帮助别人,把那些对自己来说寻常的东西分享给需要它的人,让这些东西发挥出价值,也让百姓知道了他为他们着想,自然就会有百姓支持他。

可见,我们想要给别人温暖的时候,相比做一些不切实际、可有可无的事情,不如送给他们最需要的"炭火",去解决他们的燃眉之急,这才是对他们真正的关怀。

分享一个故事:

旅人在沙漠里走了很久,又渴又饿。就在他快要渴死的时候,突然有个驼队出现,他们给了这个旅人一些水和食物。也正因此,这个旅人才得以活着走出沙漠。他对帮助自己的这些人感恩戴德,一再感谢。

等这个旅人回家以后,他以往的亲戚和朋友都纷纷前来看望他,然而他却没有丝毫感触,反而觉得这些关心都是应该的。

你看,其实这个旅人身边的朋友能在他回来的时候看望他,也是一种温暖,但这样的温暖相比那个在关键时刻救了自己命的人却像一种可有可无的温暖,始终无法到达他的心底。

这个旅人的做法是错的吗?并不,只是两者对比起来,一个是雪中送炭般的及时温暖,另一个是日常在身边的缥缈存在,或许大部分人都会感谢前者,而忘记了后者。

因此,当我们在给别人温暖的时候,一定要明白别人缺的是什么样的温暖,切不可别人要的是炭火,我们给的却是钱,也许你觉得钱可以去买炭火,但是或许在别人眼里,这些钱只是纸而已。

"赠人玫瑰,手留余香。"很多人的善意或许并没有想过一定会收获回报,一时伸出援手,只是因为那颗心不冷漠。

我们都应该记住,帮助别人并不是一件小事。或许它对你来说是一件小事,可对那个人来说,你给他的就如冬日阳光般的温暖,是及时的救命稻草。

保持内心的善良,将你的温暖送给更多需要的人,把真正的炭送给更需要的人,让南风法则一直吹下去。

第六章

用墨菲定律重新定义人生格局

01　别着急对自己说"不",先试一试

生活中有很多这样的人:遇到一点困难,就说太难了,我不行,最后一事无成;遇到一点挫折,就说太累了,我不行,最后停滞不前;遇到一点烦心事,就说太烦了,我不行,最后郁结于心。

可人生哪有这么多风调雨顺,只有经过黑暗,才能真正见到黎明;只有勇敢地往前尝试,才能感受到苦难之后的甜美。

因此,别总是经历了一点不顺心,就对自己说不,别总是遇到一点挫折,就对自己说不行。人的潜力是无穷的,当你拿出十足的勇气去面对生活时,生活中的困苦也会被你吓退;若你面对它的是胆小怯懦,它也不会同情你,反而会让你更加困难。

可见,"我不行"是一种定向的思维习惯,常存在于一些失败者的身上,从而让其不断在否定和怀疑中,渐渐丧失斗志。

我们要做的是,别着急对自己说"不",给自己一个机会,勇敢地试一试。

分享一个实验:

科学家将一只饿狼和一群山羊共同圈养在一个地方,在它们之间固定着一块巨大的玻璃板。起初这只狼十分意气风发地扑向山羊,却撞了个头破血流,它不知道是怎么回事,便一次次扑向这块玻璃板,直到让自己遍体鳞伤、疲倦至极。当工作人员把这块玻璃板撤掉,美餐就在离狼不到 1 米的地方,而它却再也没有当初的勇气去尝试,不久便活活饿死了。

也许，很多人都会觉得狼非常愚蠢和懦弱，可很多时候，狼就像经历过第一次失败的我们一样，会害怕再次失败，从而变得否定自己和不敢继续尝试。于是，看着机会从我们的身边溜走，我们却没有勇气伸出手抓住它。

这就是"我不行"这类人群的心理刻画。因为害怕失败、害怕面对问题、不敢承担责任，从而否定自己。

因此，如果你是这样的人，应该怎么做？分享一个故事，相信你会深受启发：

约翰·库提斯，出生时身体严重畸形，被医生断定他不会活过当天。然而他不仅活了下来，而且在父母的精心照顾下一天天长大了，成为世界著名的激励大师。

这位演讲天才受到过南非前总统曼德拉的接见，与美国前总统克林顿同台演讲，有着不平凡的成长历程。除此之外，他还有着多种爱好，如驾车、钓鱼、游泳、跳水、橄榄球、乒乓球等，他对生活有着积极的态度。

残疾和病痛给他带来了太多的苦难，因为身体残疾，小学时被同龄人欺负。最过分的一次是被丢进垃圾桶里，被一群孩子点火烧得奄奄一息。苦难还在继续，17岁那年下肢疾病恶化，他不得不截肢，剩余身高不足1米。更加难以想象的是，29岁的他还患上了癌症。

天行健，君子以自强不息。他走过 190 个国家和地区，用他的拼搏精神和不甘向命运低头的意志去激励别人。他将自己献身演讲事业，历经 8 年时间，成为世界闻名的传奇式人物，被世人誉为"世界激励大师"。

每当有人对他如此热情地献身演讲事业和不珍惜自己的身体感到不解时，他总是充满自信地说："我这样做的唯一原因就是为了激励别人，证明世上没有不可能！"

你看，对于库提斯来说，天生的残疾已经够糟糕了，却没想到还有那么多更艰难的事情等待着他去面对。如果他是一个只会对自己说"我不行"的人，或许他的生命就不会有熠熠生辉的那一天，他也不会成为人人追捧的世界激励大师。

可见，一个人活成什么样子，只能由他自己去决定。当你觉得自己"能行"时，你会体会到战斗的激昂，以及生命的灿烂；但当你觉得自己"不行"时，你只能像蔫掉的花朵一样，等着时间将你终结。

因此，当我们面对困难和挫折的时候，需要很大程度上自己给予自己鼓励，告诉自己"我可以！我一定行"，然后带着这样的鼓励，勇敢地面对现实，多尝试！相信我，只要迈出那一步，你的生活就会有很大不同。

就像《中国合伙人》电影中的成东青一样。

成东青刚从农村来到大城市读书的时候,是同学眼中公认的"土鳖",被各种否定和瞧不起,甚至连他的朋友孟晓骏起初都不看好他,觉得他不行。

成东青却从未因为同学和身边的人对自己的看法而否定自己,就此颓废一蹶不振,他觉得自己能行。尽管如此,他也不愿被贴上"土鳖"的标签。为此,他在整个大学时光里都在不断地成长和蜕变。当他的朋友孟晓骏从国外回来再次见到他时已经认不出来了,他从未觉得成东青能发生如此之大的改变。

和孟晓骏相比,成东青一直都脚踏实地,遇到事情不急不躁,胜不骄,败不馁,淡定地处理好每一个难题。他没有创业经验,但他有着不服输的性格,他相信自己一定能够成功。他创办的培训机构之所以能够有后来的成就,完全是靠他一步步打拼出来的。

你看,对于成东青来说,身边的人不断地否定自己,原本是一个非常消极的影响,但是他仍旧可以脚踏实地,不管别人的看法,不急不躁地鼓励自己"我能行",哪怕没有做过,也要勇敢地去尝试,因此,他靠着自己的努力一步步获得成功。

一个人不要在没有尝试之前,就急着否定自己。因为你不知道自己的潜力在哪里,只有尝试,你才明白,那些你认为的不可能,其实你真的可以。而当你真的体会到了"我能行"时,你会发现,你对生命又有了新的理解。

不可否认的是,在工作、生活中我们难免会遇到很多困难,或者是经济上的，或者是心理上的，又或者是能力上的，但是遇到这样事情的时候不要急于去否定自己，而是先作出判断，尝试完成，才能真的知道自己的界限在哪里。

有一句老生常谈的话"天生我材必有用"非常适合爱否定自己的人。每个人生来有他自己存在的意义，有他要走的路和要去的方向，每个人也都有着这样或者那样的缺点和缺陷，可这并不代表你不是一个可以成功的人。

时刻要记住，你是什么样的人，只能由你自己决定。遇到问题别着急对自己说"不"，试一试，你会发现你比想象中更坚强。

02　严谨防范，避免小概率失误事件

你有没有发现，有时候你觉得几乎不可能发生的事情，就会因为一点小小的疏漏而发生了？比如，平时每篇课文都认真背诵，刚好有一天偷懒没背课文，第二天就被老师抽查；平时每天都按时上班，唯一一次迟到刚好赶上领导来视察；平时工作从来没有失误，可是一到检查的时候，各种各样的事件就会接踵而来……

有句老话说得好："不怕一万，就怕万一。"

有很多人都因此而感到郁闷，为什么这种小概率失误事件总会在最重要的时候降临到自己头上呢？难道"怕啥来啥"就无法避免吗？

我曾经看到这样一个故事：

有一个国王要打一场关乎国家存亡的仗,上战场之前,他命令马夫给自己的千里马换上新的马掌。马夫换马掌的时候发现有一个马掌上少了一块马蹄铁,但是怎么也找不到。

他想着,一个小小的马蹄铁掉了,不会产生很大的影响,就没把这件事放在心上。

可国王和士兵们对此一无所知,等到上战场的时候,国王骑着他的高头大马冲杀在最前面。就在战斗进入白热化的时候,马因为少了一块马蹄铁,受到了惊吓,导致国王从马上摔了下来。

而士兵们看到国王受伤,士气大减,最终吃了败仗,一个原本好好的王国,就此灭亡了。

你看,换马掌的时候,马夫会想到,就一块小小的马蹄铁,最终会导致国家的灭亡吗?很显然不会,在他眼里,即使马掉了一块马蹄铁,也不会发生大事情。

可如此小概率事件最终还是发生了。可见,不要忽略任何一个小概率事件,因为其一旦发生,所带来的必定是致命的打击。有很多人平时不拘小节,觉得没必要在意这些细枝末节的事情,觉得在意小事就是斤斤计较,就是矫情。

实际上,正所谓细节决定成败,小细节有时候会决定大事情的结果。你以为发生概率非常小的事件几乎等于不会发生,可我们要知道的是,一件事,只要不是概率为零,它皆有可能发生。而我们只有注重这个细节,才能尽量避免这些小概率事件影响整个大局。

有这样一个新闻：

> 某品牌汽车在宣传的时候，有一段试驾视频。视频中，一名试驾人员带着三名乘员在赛道上进行正常行驶测试。在经过第一个弯道时，车辆出现了异常情况。在经过第二个弯道时，车子更是直接冲出了赛道，进入缓冲区。不仅如此，更离谱的还在后边，在试驾人员控制汽车重返赛道后，再次出现了失控，车辆撞向护栏，受损严重。
>
> 是车子本身有问题吗？并不是，是试驾人员在启动车辆时关闭了ESP（车身电子稳定系统），这才会导致车子屡次出现异常情况。大概率来说，即使关闭了ESP，只要驾驶员有娴熟的驾车技术，也不会导致车辆失控。但恰恰是这种小概率事件连续发生了三次，导致车子严重受损，汽车公司发布的这款产品也是饱受争议。
>
> 不过万幸的是，试驾人员和乘员都没有出现安全事故。

你看，这种小概率失误事件在很多人眼里一般不会发生，更不要说连续发生三次。可它一旦发生在高速行驶的情况下，后果会怎样？可见，千万不要低估小概率失误事件的危害性，一定要做到严谨防范，哪怕经验再丰富、技术再娴熟，也一定要切记。

小概率失误事件总是在不经意间发生，就像旅客们走进船舱的时候绝对想不到泰坦尼克号会沉没。那么，怎么才能尽量避免这些小概率失误事件发生呢？其实最简单的办法就是将所有事情做到尽善尽美。

可是，要我们注意到所有的细节，不发生任何差错，这是不可能的。因此，我们必须时刻保持热情，认真对待每一件事，谨慎作出每一个选择。

滴滴顺风车就是一个非常典型的例子：

2018年闹得沸沸扬扬的滴滴打车事件，无疑给涉及重大安全责任事故的交通运输公司敲响了警钟。

2018年5月5日晚上，空姐李某被顺风车司机残忍杀害。事后，滴滴公司表示，将停止晚上零点之后的顺风车业务运营，并且对平台进行了安全升级，新增了安全求助、一键报警等功能。

然而事情到这里并没有结束，在此事发生后不到三个月的时间，悲剧再次发生。事情发生在下午，赵某被司机残忍杀害。而后被害者朋友向滴滴公司求助，希望能获得司机的信息，被当场拒绝。至此，顺风车被再次下线，要求整改。

据后台数据统计，搭乘顺风车人次总计达到了74亿，而其中收到的投诉订单有5000多件，可是后台客服和主管觉得这是小概率事件，并没有给予重视、认真对待。

○ 一个小概率失误事件导致了两条鲜活生命的逝去，墨菲定律告诉我们，任何一个事件，只要存在发生的可能性，就不能够假设它不会发生。更何况，在此之前滴滴公司已经收到了乘客的各种投诉，那就更应该严谨防范安全事故，而非无视。

你看，如果滴滴公司早在一开始就做好这些保护措施，那么之后就不会出现这两个人因为滴滴的风险而丧失了生命这种情况。可见，为了尽量避免小错误和小失误，我们应该做好前期的防范工作，这样才能尽可能避免风险。

但是，有时候风险是我们没办法避免的，这时应该怎么办呢？

那就要懂得给自己留下一个缓冲期，在这个时间里，去坦然接受一切，并且主动承担应该承担的责任。就像滴滴公司一样，虽然前期没有做好准备，但好在意外来临的时候，懂得及时改正，从而渡过了难关。

试想一下，如果错误不能及时改正，就会越积越多，等到"千里之堤，溃于蚁穴"的时候，这不正是因小失大了吗？

墨菲定律告诉我们，不要总以为意外离你很远，任何事情都有它发生的可能，一场意外发生的可能性再小，也一定是有可能发生的。不在意细节只会因此而产生大的差错，最后导致事情没有挽回的余地。

通常情况下，一个看似发生概率很小的事件其实比你想象中更容易发生。你以为不会发生的事情，实际上在生活中十分平常，只是因为我们估计有误才会导致作出错误判断。

举一个最简单的例子，50个人中至少两个人生日相同的概率高达97%，你以为概率很小的事件其实很容易发生，这就导致了预估的错误。

不过，防止意外发生的最好方法还是防患于未然，严谨防范。

虽然不可能完全避免失误，但可以大大降低失误发生的概率。就像只要及时注射疫苗，患病的概率就会大大降低，这是同样的道理。

生活要脚踏实地，不要好高骛远，可能生活偶尔会给你投机取巧钻空子的机会，但是长此以往一定会埋下祸根。

人生如棋，我们要仔细规划好每一步、每一个细节、每一次选择，因为一旦有偏差，就有可能导致我们最终得到完全不同的结果。

03　生活有得有失才是常态

生活中，我们是不是会经常遇见这样的人：一旦成功，就兴奋地手舞足蹈；可一旦失败，就要死要活的，怎么也走不出来。

无论是成功还是失败，它们都只是生活的常态。如果我们只对得到的感到欣喜，对失去的就痛苦不已，那么我们的人生就如同我们的眼光一样，不会长久。

因此，有智慧的人都懂得：得之坦然，失之坦然。

那么在生活中，我们究竟应该以怎样的心态去面对那些得失呢？分享一个故事：

美国汽车业的超级巨星——李·艾柯卡，曾经为福特汽车公司创造了几十亿美元销售额的神话，成绩斐然，然而也因为功高盖主而被辞退。

1946年，艾柯卡入职福特汽车公司，当上了一名见习工程师。然而他并不喜欢这个职位，他更喜欢跟人打交道。在他的坚持下，切斯特地区的销售经理给了他一个机会，让他去当一名汽车推销员。艾柯卡的天赋并不是特别出众，但他花了很多时间去学习推销技巧，研究如何表达，最终掌握了一身销售本领。

3年后，艾柯卡顺利成为宾夕法尼亚州威尔克斯巴勒地区的经理，他深知汽车公司唯一的顾客就是经销商，要想获得巨大的成功，就必须和经销商站在一边。也正是这个理念，让艾柯卡得以在1970年成为福特汽车公司总裁的二号人物。在这段时间里，他为公司创造了35亿美元的利润。

好景不长，命运和艾柯卡开了一个天大的玩笑，1978年，他被解雇了。这对于普通人来说可谓巨大的打击，然而艾柯卡并没有灰心丧气。他紧接着又去了濒临倒闭的克莱斯勒公司，力挽狂澜，带领公司渡过难关，甚至在1984年创造了年利润24亿美元的奇迹。

你看，对于艾柯卡，他算是经历了人生的大起大落，特别是当自己付出了很多努力为福特汽车公司创造了几十亿美元的销售额后，面对的却是被无情地解雇，这是很多人都无法走出来的事情，但是艾柯卡对于得失非常坦然，不纠结过去，而是勇敢面对未来，换了一家公司，重新启程，迎来了自己的另一个巅峰。

可见，当命运跟你开玩笑的时候，哪怕再痛苦，也要调整好心态，走出当时的困境，坦然地面对未来，才能有更好的人生迎接你。

有时，你看起来失去了很多，但其实可能会收获其他东西，分享另一个故事，相信你会明白很多：

> 康熙年间，有这样一对邻居，一边是大学士张英，另一边则是一位吴姓高官，他们二人在朝廷当中都属于高级官员。
>
> 有一天，这两家人发生了争吵，原因是吴家盖房子占用了张家的地，虽然并不多，但是张家人却非常生气，觉得自己的邻居平白无故地占了自家的便宜。然后他们便把这件事报到了官府，但是由于他们两家在朝廷当中都是高官，惹到他们哪一家都会吃不了兜着走，所以官府也不敢偏袒任何一家，只是在两家之间周旋。
>
> 看着官府也解决不了这件事，张英的家人又想到了在朝中做礼部尚书的张英，他们认为：如果自己首先联系到张英，就能获得特权来得到地方官的庇佑，然后达成不让吴家占自家地的目的。想通了这一点，他们便立刻给张英写了一封书信。

然而，当远在京城的张英收到书信并且看了内容之后，先是坦然一笑，然后便在纸上潇洒地写下了一首诗：

千里修书只为墙，让他三尺又何妨。万里长城今犹在，不见当年秦始皇。

收到回信之后，张英的家人深感愧疚，也不计较邻居占自家的地了，还主动让出了三尺地。他们这样的举措让邻居非常感动，同样也让出了三尺地。

因为他们两家都不计较得失，他们两家的院子之间便有了一条宽六尺的巷子，后来被大家称为"六尺巷"，张英的礼仪之举，更是被世代传承了下去。

试想一下，如果张英的选择不是退让，而是计较那三尺地，那么他们两家会怎样呢？先不说究竟谁会赢得这三尺地，他们失去的一定比得到的多，甚至为了三尺地大打出手，从而衍生出更糟糕的事情。

可见，在我们的生活中，很多事情都是这样的，看似失去了，却得到了更多。我们又何必计较眼前的一点得失呢？说不定会有更大的惊喜在等待着我们。

分享一个故事：

马拉松长跑冠军菲力斯接受记者采访时，记者问他："谁是你人生中最想感谢的人？"当时众人都觉得菲力斯会感谢亲人、朋友或者教练，然而出乎众人意料的是，他感谢的是早些年的一个小偷。

　　菲力斯 13 岁的时候，家境贫寒，学校离家又特别远，父亲省吃俭用，给他买了辆自行车用于上下学。然而巧合的是，他某天忘记给自行车上锁，小偷偷走了他的自行车，无奈的他只能早起跑步去学校，每天他都要往返 10 公里。久而久之，他的身体素质得到了大幅提升。

　　机缘巧合下，他被推荐去参加马拉松比赛，而且最后还取得了优异的成绩，最后成为全欧的马拉松冠军。

　　你看，对于 13 岁的菲力斯来说，唯一一辆花重金买的自行车被偷了，他内心一定很难过，但他没有沉浸在难过中，而是早起跑 10 公里去上学。正因为这样的事情，让他拥有了良好的心理素质，从而成为全欧马拉松冠军。

　　可见，所有的失去，都会以另一种更好的方式还给你。

　　因此，无论生活给我们的多好，或者又拿走了我们多好的东西，我们始终要保持不卑不亢，让心态不失衡。只要心态不失衡，总有一天，我们失去的会以另一种方式回来。

　　其实有一句话很好地概括了得失关系："有失才有得，有得必有失，得失交织，才是常态。"

　　要记住鱼与熊掌兼得的事情是极少的，大多数时候我们都需要做好取舍，这也是社会生活中的客观规律。

　　当你想获得某些东西的时候，就要付出相应的代价。当然，代价有大有小，有些人就难免会斤斤计较，但到头来的结果往往是失去的更多。

比如不忍心失去一段失败的感情，千方百计地缝缝补补，到头来往往是弄得自己满目疮痍，还可能因爱生恨。

这种习惯让我想起了我们的父辈，其中很多人都有收集废弃物的习惯，收集得多了，堆得满屋子都是，结果是真正需要的东西不是找不到，就是到最后和这些废弃物一股脑儿地丢掉了，典型的因小失大。

得之我幸，失之我命。坦然面对，时常抱以平常心，才是对于得失所应当抱有的态度。

04　凡事往好的方面想

遇到一个小错误，有人会闷闷不乐，有人却为此开心。闷闷不乐的人把这个错误越想越大，从而吓得自己不敢继续进行下去；而开心的人却觉得自己幸好提前发现了一个小错误，没有酿成大错，还有改过的机会。

这就是人的心态不同，他们面对事情的想法也就不同。心态在很大程度上决定着事情的发展，因此，面对任何事情都抱着好心态的人，人生的路会更宽阔。

怎样才能抱有好心态呢？我先给你讲一个故事吧。

○ 一个人出门办事，因为下雪天路滑，便没有开车。等到他办完事出来，他只好叫一辆出租车。可下雪天，出租车很难等，好不容易等到一辆，却被别人连招呼都不打就抢了去。他想，人家有急事，自己重新叫一辆就好了。结果等了很久，等来了一辆公交车。

往常这个时间点，公交车早就下班了。这个人奇怪地问司机原因，司机说："今天堵车，所以只能加班。"这个人笑着坐到位置上，心想：那个人抢了我的车，反而让我捡了一个大便宜，少花了二十多元的车费呢。

你看，在下雪天等出租车已经很不容易了，在等了很久的情况下，出租车还被别人抢了，对于这个人来说，其实这是一件非常糟糕的事情，但是他大度地让给别人，还把糟糕的事情往好的方面想，从而让自己远离不开心，这就是智慧。

可见，我们遇见事情的时候，不要一直都抱着"它看起来很坏，没救了"的想法去面对它，否则，它很可能就会真的变成一件坏事了。

因此，好的心态决定事情的发展走向和我们的心情。它能够让我们的生活轻松愉快，也能够让身边的人健康快乐。

分享一个故事：

一艘客船在航行的时候遭遇了暴风雨的袭击，桅杆摇摇欲坠，甲板哐哐作响，船上的乘客也摇摇晃晃。暴风雨愈加猛烈，有些乘客已经倒在了甲板上，只能双手紧紧地握住栏杆，有些乘客狂呼救命，然而没有人能帮助他们。

幸运的是，在客船即将倾倒的时候，暴风雨停下了，海面归于平静，只留下惊魂未定的乘客们发呆。客船上极为安静，有人注意到一位老人从暴风雨开始到结束都是处变不惊，惊奇地问道："老人家，您一点都不担心吗？"

这位老人徐徐说道："我有两个孩子，大儿子已经不在人世，二儿子居住在邻国。暴风雨来临的时候我就在想，如果我死于大海，那么我就能见到大儿子；如果客船平安到岸，那么我就可以见到我的二儿子了。不管结果怎样，我都可以见到我心爱的孩子，我有什么可担心的呢？"

你看，一个人在面对生死的时候，还能够波澜不惊，往好处想，这增加了他面临风险时的沉着冷静，那么在任何事情面前，谁都打不倒他。可见，我们在面对事情的时候，要把事情往好处想。这不仅仅对我们心态来说是一件好事，更对于当下的这件事情来说是一件好事。至少，事情还没有到最糟糕的时候，还有挽回的余地，不是吗？

因此，关键时刻，凡事往好处想的做法就是，转变我们看待事情的思维。如何做？我们不妨先把"凡事往好处想"作为我们的口号，并且把它常常挂在嘴边。这样，当你在心里不断默念它的时候，也就是给你的心里不断打磨出自然反应的时候。当我们的心里已经有了这个自然反应之后，我们在遇到问题时，自然就会往好的方面去想，也就不用我们刻意控制了。同时，这是一种语言和心理上的暗示，让你的心态不知不觉地乐观起来。

学会在心里对自己进行暗示，这样我们在遇见事情的时候，才能够看开很多东西，减少对事情的纠结，同时，我们也能够把自己从"糟糕"的怪圈里拯救出来。

其实，在生活中，我们每个人都会遇到难处，都会经历烦恼和快乐。在心理上，我们是暗示，那么在行动上，我们就应该在事情真正确定之前，先尝试改变现状。

就像甘布士的故事一样，先行动起来，说不定还真能遇上意外的好事：

> 圣诞节前夕，甘布士想要前往纽约。不幸的是，妻子在为他订票时，车票已经卖光了。但售票员说，有千分之一的可能有人会临时退票。听到这个情况，甘布士打起了精神，马上开始收拾出差要用的行李。
>
> 他的妻子很不解地问他："既然已经没有车票了，你还收拾行李干什么？"甘布士说："我去碰一碰运气，如果没有人退票，就当是我拎着行李去车站散步吧！"
>
> 直到开车前3分钟，终于有位女士因孩子生病要退票，而甘布士就刚好等到了这张退的票，成功登上

了去纽约的火车。

当他到纽约后,他给他的太太打了个电话,他说:"我会成功,肯定是因为我是个抓住了千分之一机会的笨蛋。凡事从好处着想,这就是我与别人不同的地方。"

甘布士的这种想法有一点阿Q精神的味道,但他并不像阿Q那样自欺欺人,而是在事情成定局之前,先行动起来,看看能不能抓住一点机会,去改变现状。

你看,就像甘布士说的那样:因为他先从好的方面去想事情,是个抓住了千分之一机会的"笨蛋",才能够真正获得成功。可见,遇见事情的时候,我们不妨给自己一点信心,乐观一点,先看眼下有没有可以立刻行动起来的方向,然后去尝试改变一下,或许,眼前的坏事真的就会变成一件好事。

这就好比美国著名的心理学家威廉·詹姆斯说的那句话:"我们这一代人最重大的发现是,人能改变心态,从而改变自己的一生。"他意识到心态对于人的一生是十分重要的。其实,我们也应该认识到,心态对于我们的成功也是一个十分重要的因素。

这就如同一个患了癌症的患者,如果他对生命充满了积极渴望,他就会很配合医生的治疗。那么医生也会对他有信心,就能更积极地帮他治疗,通过双方的努力,或许他的病情就会慢慢得到好转。可如果他对生命充满了无限绝望,那么即使是最好的医生,也没办法救他。一个放弃了自己的人,谁又能够拯救得了他呢?

我们在生活中也是这样。其实说到底,事情变得更加糟糕,很多时候都是因为我们庸人自扰。本来没有什么,我们却早早给它下了不好的定义，它可能就真的变得糟糕了。

总之，与其活在这样的痛苦里，还不如就用积极乐观的心态去面对每一天。把每件事情都往好的方面去想，我们也就能够轻松自在很多了。

05　能承受最坏的，才能接受最好的

稻谷在成熟之前会因为谷粒灌浆过重而压弯了腰，但它们却会得到农民伯伯的精心呵护，而那些无法承受谷粒沉重的稻谷则会被农民伯伯从田野里扔掉。

你看，生活中不如意的事情实在是太多了，如果你承受不了这些磨难，那么你就会被生活放弃。

怎么做？拔掉那些畏难和退缩心理。

其实，几乎我们每个人都有过畏难和退缩的心理，比如，斗志昂扬地去爬山，结果一看这山又高又陡便转身离开；花费大量时间去学英语，结果考来考去还是不及格便就此作罢；费尽心力做出的计划，结果客户一看十分不满还被骂得狗血淋头，便想这样的工作不做也罢……

可俗话常说："天有不测风云，人有旦夕祸福。"没有人的人生是一帆风顺的，总会遇到风风雨雨，若你时时都想着退缩和放弃，承受不了生活给你最坏的东西，那么自然你也无法去接受人生最好的一切。

金蝉定律就是一个最好的证明：

优质的蝉要在暗无天日的泥土下生存 3 年,更有甚者还要生活长达 17 年之久。它们在地下靠着汲取树木的汁液为生,等到时机成熟的时候,才会爬上阳光洒满的树枝上面去脱壳,然后变成一只真正的知了。

这时,它们的生命也迎来了高光时刻:在夏日刺眼的阳光中,知了迎着强光不知疲倦地叫着,好像要弥补过去几年的黑暗岁月,这便是金蝉定律。

金蝉定律的意思其实就是:越惧怕最坏的,越难得到最好的。那么,人为什么会惧怕最坏的事物呢?

其实,这是人正常的心理状态。人生的低谷和最坏的事情都会让我们产生痛苦,那么很自然地,我们也就对这些事物产生了畏难情绪,只想退缩躲避这一切。

可这确实是一个不值得提倡的心理,因为若是每个人在面对困难和低谷的时候都选择逃避和放弃,那么我们的人生就毫无发展可言,更别谈时代要进步了。

著名化学家格林尼亚也经历过这样的至暗时刻。在他少年时代,家境非常好,父母十分溺爱他,因此他成了一个没有理想、浑浑噩噩的人。

几年之后,他们家倾家荡产、一贫如洗,往日的好友全部远离他,连当时的女友都羞辱他。意识到自己的"废材",他开始努力读书,追赶着被自己浪费的时间。后来,他研制出了格氏试制,获得了诺贝尔化学奖。

换句话说就是,这种面对生活最坏时的畏难和退缩心理,很大程度上是来源于我们内心深处的舒适，也就是我们不敢去突破自己的舒适圈。并且，如果自己的舒适圈被打破，那么我们就会立马换个圈子将自己保护起来，只想让那些最坏的、给自己造成困难的事情，离我们越远越好。

我们应该如何克服面对生活最坏时的畏难和退缩心理呢？

分享一个例子：

史铁生18岁那年到陕西延川县插队，其间脊髓损伤、腰背疼痛，而后又不幸遭遇暴雨和冰雹，导致发高烧，腰腿疼痛的症状重现，彻底留下了病根。

双腿日渐失去知觉，肌肉萎缩，他感到十分沮丧，整天只能躺在病床上，至于读书的兴致更是全无。在他29岁那年，他病情加重，高烧不退并且整天昏睡呕吐。除此之外，他还闻不得饭味，只能靠葡萄糖维持生命。医生们一度担心他活不过那个冬天。

史铁生的母亲为了给他治病，负债累累，然而没有奇迹发生。后来真正改变他的是一位老大夫的一句话："你这辈子没有比现在更闲的时候，为何不用这些时间来读点书，整理自己的思绪呢？"

一年后，史铁生发表了第一篇小说。又过了几年，他的作品开始获奖。这么多年一直有三个问题在困扰着他。第一个是要不要去死？第二个是为什么活？第三个是我为什么要写作？朋友劝他：你不能死，还有好多作品在等着你去写呢！直到这时，他才真正意识到，要活就好好地活，遭受了这么多的苦难，更是要好好地活下去。

你看，若是史铁生在面对人生低谷的时候选择了畏难不上和退缩不前，那么，或许就没有著名作家史铁生以及他的传世佳作了。可见，我们要时刻明白，黎明之前的黑暗最黑暗，暴风雨之前的宁静最宁静，我们不可能一辈子都不会遇到人生低谷，但我们万万不可产生畏难情绪，转身离去，而是应该迎难而上，接受最坏的事。

当然，如果你了解过褚时健的故事，你就会知道，笑对人生风雨，接受人生低谷，还要靠一个人良好的心态：

> 中国烟草大王褚时健出生于云南，用了 15 年的时间，将玉溪卷烟厂做成了亚洲第一的大型烟草企业，而且把红塔山打造成了中国名牌香烟，一时间风光无限。
>
> 然而命运跟他开了个天大的玩笑，71 岁的他被判处无期徒刑，所有风光和成绩离他而去。入狱后两年，他因病获批保外就医，回家养病。一时间大家都觉得他晚景凄凉，然而他却一鼓作气，开始了又一次的创业。85 岁的他和妻子开始种植橙子，并取名"褚橙"。借助当时刚刚兴起的电商售卖，橙子品质优良，经常销售一空。后来他还多次获奖，其中最值得一提的是人民网的"第九届人民企业社会责任奖特别致敬人物奖"。

你看，当一个人晚年过得凄凉、经历大起大落的时候，还能在八十几岁开始创业，成为"中国橙王"，褚时健面对人生低谷时的心态，给了他很好的支撑，可见我们在面对生活最坏时，一定要有良好的心态。要时刻记住，没有人的人生是一帆风顺的，纵使是身价不菲的马云，纵使是商业巨头褚时健，皆是如此。

良好又积极的心态会在人们处于低谷的时候发挥出无限作用，它总是能在关键时刻让你保持信念，笑看潮起潮落、花开花谢。

因此，在面对生活最坏时，请记得保持嘴角上扬，微笑面对，云淡风轻，如此才能有最好的结果。

有句我们常挂在嘴边的话："阳光总在风雨后。"哪怕处境再糟糕，只要挺过去，便是灿烂未来等着你。可惜，很多人没能在最低谷时接受最坏，自然也就等不到霞光漫天的黎明。

总而言之，面对生活低谷，遭遇生活挫折，畏难不上和退缩的心理要不得，我们必须学会迎难而上，笑对起落、承受最坏的，才能接受最好的。

06　成功后切忌头脑发热做决定

股市里有一种奇怪的现象：很多新手都会在自己的股票上涨时就头脑发热地进行下一步投资，结果没多久股票就狂跌，而自己也负债无数。

这不仅让我们深思：有了一点成就之后就盲目地作出决定是不是可行的？生活会这样回答我们：不可行。

为什么？因为当我们正在接受成功带来的喜悦的时候，我们的大脑是缺乏理智的，如果我们要在这个时候去作出决定，很可能它根本就没有分析过到底是不是正确的,就传递到我们的行为上。这样做的后果可想而知。

可见,无论什么样的成功,我们都不应该过分地开心并且立刻做决定,从而失去平常心,给自己带来更多的麻烦。

分享一个故事:

> "独一味"的掌舵人——阙文彬,当了连续9年的甘肃首富,是位颇具传奇色彩的人物。他曾经前往西藏考察,并发现了稀缺藏药"独一味",随后便成立公司,并且迅速占领并垄断了藏药市场。2008年,独一味公司登陆深圳证券交易所。
>
> 商业上的巨大成功,让他生出了更多的想法和规划。他先是把公司更名为恒康医疗,随后又通过并购等手段,扩大规模,增加资产。在转型初期,他的规划一切顺利,正常实行。等到了中期,公司枝繁叶茂,枝枝叶叶多了起来,就不可避免地出现了问题。
>
> 伴随规模大、资产多的问题是,负债也越来越多,最终压垮了公司,导致首富变首负。他的名声一落千丈,从商界的风云人物变成了反面案例。

你看,一个曾经在商业上创造辉煌的阙文彬,当面对突如其来的巨大成功的时候,他更多的是把精力放在如何改变公司格局上,而不是仔细考虑怎样的路是适合自己的,从而引发了无数危机。可见,一个被成功冲昏了头脑的人,最终都会狠狠地跌入谷底。

如果我们被外界的夸赞迷惑了双眼，被眼前的利益影响得失去了判断能力，其实就等于在葬送自己的前途和未来的更多可能性。

一时的成功就失去该有的清醒，仓促做下不理智的决定，最终承担错误的还是自己。可是，要想不在成功中迷失，这真是说起来容易，做起来难。我们看看下面这个故事，或许会有收获：

> 麦城之战，关羽准备带着军队从小路突围。部下王甫急忙劝谏，说道："走小路恐有埋伏，我建议从大路行军突围。"关羽前面几仗连胜，哪里听得进去王甫的话，坚持道："继续行军，我们怕他们埋伏吗？"
>
> 临行前他下令王甫和周仓各率100军士守住麦城，牵制吴兵，自己和关平、赵累二人率200军士从小路突围。行军20里后，果然遭吴将朱然带兵埋伏，损失了一小半军士。一阵掩杀过后，士卒渐渐稀少，索性杀了出去。走了四五里路，潘璋又杀了过来。而这时候赵累已经阵亡在乱战之中，士卒也是只剩下寥寥十几人。这还不算完，后续又遭到了一次埋伏，赤兔马被绊倒，关羽被擒。
>
> 关将军被之前的胜利冲昏了头脑才作出这种决策。最后败走麦城，落得悲凉下场。

就这样，关羽为他的轻敌付出了生命的代价。而他的轻敌就是接二连三的成功让关羽失去了以往的冷静，从而降低了对危险的敏锐感。

《汉书》中有一句话："安不忘危，盛必虑衰。"这句话是指我们身处安全的地方也最好不要忘记有危险潜伏，在我们能力强盛之时，就应该考虑到能力衰败时候的事情。

这就跟居安思危的道理一样，如果我们想要成功，那么我们就应该保持这样的想法，并且任何时候都要镇定，想着长远的目标。以这样的方式去做事，才能长长久久。

我再给大家讲个故事：

> 知名投资人陈一舟先生以德州扑克为例分享了这些年积攒的经验：德州扑克这个游戏的魅力就是要你不断地做判断，这个过程很像企业做决策。这个时候概率就起到了非常关键的作用。连续几局游戏下来，你会看到，桌子上总是那几个玩家在赢。因为他们精准地计算了概率，并因此作出了正确的决策。然而当自己筹码很多的时候，头脑很容易就会发热，很容易输光，而且到最后也是输得莫名其妙。
>
> 人类的基因决定人都是非理性的，陈一舟在2006年拿到了4800万美元的投资。当时他觉得自己兵强马壮，开始四处出击，结果发现强敌太多，最终连连打败仗，企业业绩一度下滑。

你看，当一个人成功的时候，他往往觉得自己是那唯一的一个幸运儿，可惜的是，当你手里拿的是好牌的时候，说不定别人拿到了更好的牌，随时出手就可以将你拦阻，而你还沉浸在短暂的成功初期，失去理智。此刻，一定会输得倾家荡产。

可见，关键时刻保持一份冷静、谨慎，看到长远的利弊也是成功的一个关键。

我们听过不少历史教训，它们无一不提醒我们，成功之后，不要高兴过头儿，否则很可能就在成功的脚将要踏在地上的时候，跌一个大跟头，再也爬不起来。

司马相如曾在《谏猎书》中讲道："明者远见于未萌，而智者避危于无形。"就是在提醒我们要学会将眼光放长远，避开那些无形间给我们设置的陷阱。

就像成功之后的头脑发热，这是失败很大的陷阱。稍不注意，我们就会掉进去。因此，我们常说的"三思而后行"不无道理，只有凡事考虑清楚了再行动，才有可能降低失误的概率。

有一句话说得好："不管是什么事物，它都是好坏参半的。"成功也是一样，它夹着喜悦的同时，也夹着失败。别被一时的成败冲昏了头脑，正所谓"冲动是魔鬼"。

从此之后，要记住，在生活里，我们做任何决定都会有一个结果等在后面。如果我们不想那个结果让我们失望，那么就要在做决定之前想清楚这是不是一时冲动。

别再头脑发热地以为自己是对的，冷静下来，思考事情的可行性。

07　把问题扼杀在摇篮里

我们都知道小孩从出生就开始打疫苗，一直到长大了都还会打一些疫苗。而打这些疫苗的目的很明显是提前预防那些可能出现的疾病，把疾病提前防住。

类比到生活，把问题扼杀在摇篮里也是减少我们犯错的必要途径。这样做有哪些好处呢？我先给大家讲个故事吧。

2011年，甘肃省正宁县榆林子镇小博士民办幼儿园校车出现重大安全事故，共搭载幼儿及教师64人，最终死亡累计人数达到20人。校车安全已经成了家长首要关注的，也是极为头疼的问题。

其实就像人会中暑一样，车子也会"生病"。所以现在的校车在出发前有着严格的检查要求，把事故风险消灭在出发前。载满孩子的校车出发前一定要检查冷却液、机油、制动液、轮胎气压等，只有这些标准都合格了，才允许上路。

不仅在出发前要注意检查和维护，行驶过程中也要时刻注意。校车一天要多次接送孩子，长时间的高温环境运行，发动机温度很有可能过高，这就对应了降温措施的规定。

除了车况的检查，车内的一些措施也是必须考虑的，如空调、通风、消毒等。在用车前做好检查和维护保养，行驶过程中及时注意车况，只有这样才能将安全问题扼杀在摇篮里，避免造成人身伤亡，酿成悲剧。

你看，一个小小的校车，就得经过多重的检查、程序等，来保障其在行驶中的安全，才能把安全问题扼杀在摇篮里，避免造成人身伤亡。可见，一个人要想尽可能地减少自己的犯错和人生路上走过多的弯路，那么学会尽可能把问题扼杀在摇篮里，多么重要。

其实，很多人身上都有过这样的事情：一些明明可以提前解决的问题，却一定要等到事情发展到一定程度，造成了损失才想着去补救，才想着"早知道……"。但世上没有后悔药卖，与其事后后悔，不如事前先做好预防。

分享一个故事：

> 魏文王知道扁鹊的医术高超，便问扁鹊："你们兄弟三个人，医术都非常精通，但总有一位是最好的吧，你觉得是哪一位？"
>
> 匾额听后，回答："长兄最好，中兄次之，而我是最差的。"
>
> 魏文王不解："那为什么你这么出名呢？"
>
> 扁鹊回答："因为我大哥是在病发之前，就开始治病，很少有人知道他能铲除病因，因此他没有名气，只有我们自己家的人才知道。我的二哥是在病情初起的时候，就诊断出来并治好了，因此，很多人觉得他只能治疗轻微的小病，因此他的名气也不怎么能传播出去。而我是治疗病情严重之时，一般通过针管放血、皮肤敷药等大手术，因此大家觉得我的医术高明，其实是一种错误。"

你看，这个故事告诉我们，真正的本事，是事后控制不如事中控制，事中控制不如事前控制，把问题扼杀在摇篮里，应对问题，解决问题，才是高明之人的厉害之处。

同样的道理，用在企业、组织、个人也十分适用。可见，无论是企业、组织还是个人，在发现问题之初就把问题扼杀，可以为以后的生活减少很多的麻烦，无疑是最好的选择。

可如果问题已经萌芽到要发生的状态时，又该怎么办呢？如果一开始的问题就不是很明显，没能发现它，等注意到的时候已经事关紧迫，那就要考验你的应变能力了。

这一点我们可以学学功成身退的范蠡。

> 勾践从徐州返回吴都的时候，曾问范蠡："为什么你说的话，都是顺应着上天的旨意？"范蠡回答说："这是天人合一的功劳，没有一个是不清楚的，没有一件事是不顺应上天旨意的。"
>
> 勾践又问："原来如此。那我为什么不能称王，而他们都可以啊？"范蠡说："不可以。吴王称王，冒用天子的称号，天空就开始发生变化，太阳被阴暗所侵蚀；如今您要冒用天子称号，那恐怕苍天的变化又要出现了。"勾践听后，很不高兴。
>
> 等越军到达吴都，大办酒席，饮酒作乐，勾践没有提及西施、郑旦、陈娟之事，还让乐师作伐吴之曲。宴席间，勾践又听到臣子都劝他返回越国，显得不高兴，因为他想称霸。

范蠡把这些都看在眼里。于是，回到越国之后，他就马上找文种说："在那天你祝酒时，有没有注意到越王的表情不对？你我快快离去，否则大难临头！"

文种不信，反倒劝范蠡："你不要想太多，大王还不至于如此绝情。他只不过是想称霸而已。"范蠡笑而不言，随后他收拾好东西，从马厩牵出一匹马，连夜赶路离去，临走时留给文种一封推心置腹的信，劝他早早离开。

《史记·越王勾践世家》里有一句话："蜚鸟尽，良弓藏；狡兔死，走狗烹。"范蠡提前看出了越王的品行，不敢贪慕名利，也不敢失了人臣之义。为了防止事情真像他想的那样发展，他一回到越国，就当机立断地离开了。因此，他得以保全性命。

而对越王深信不疑，没有离开的文种，被越王听信谗言赐死了。

因此，既然事情已经有预兆，那么我们就应该在危险悄悄降临之前，做好准备，提前逃离，以免将来陷入进退两难的境地。

《宋书·吴喜传》里说："且欲防微杜渐，忧在未萌。"就是在提醒我们要把坏事、问题、错误在刚出现的时候，就加以防范、杜绝，不能让它发展下去。这就好像是潜伏期的病毒，如果我们给了它们任何一点活下去的机会，那么活不下去的就是我们了。

把问题扼杀在摇篮里，我们一定要懂得发现问题、多思考，一旦发现就要立刻去行动，不能拖延，这样才能一步到位地解决所有问题。

08　如果事与愿违，一定要相信上天另有安排

认识了很久的朋友不知道什么时候疏远了，谈了很久的恋爱不知道什么时候就分手了，就连学到的东西好像也根本无处可用。于是，很多人就在这样的困境里，失去了自我，成为一个生活只有苦的人。

可有一句话是这样说的："无论你遇到谁，他都是你生命中该出现的人，绝非偶然，他一定会教会你一些什么。"

我们回头看这些糟糕的事情，会发现，疏远了的朋友会有下一个更亲密的朋友来到你身边，失去的爱情会有另一个更爱你的人出现，而学到的东西，总有一天会帮你很大的忙。这些只是时间早晚的问题。

晁补之在《安公子》中写道："从来好事多磨难。"可见，当你所面对的事情与你的预期相差甚远的时候，要相信，好事多磨，一定是上天另有安排。

世界上的事变化无常。也许上一刻还笼罩在阴霾里，下一刻就拨开乌云见太阳了。但请相信没有人能一直倒霉。就像在《道德经》里说的那样："祸兮，福之所倚；福兮，祸之所伏。"坏的事情不一定会一直坏下去，它总还有福禄倚靠着，好的事情不一

定就是好的，也许在幸运的背后还有灾祸潜伏着。

那么在等待结果之后，我们应该做什么呢？一定不要着急，要相信它的到来总有它的道理，我们能做的只能是用平常的眼光去看待那些得与失，期待上天安排的另一种答案。

一起来看看《后汉书·冯异传》里的故事：

> 汉光武帝刘秀建立东汉政权后，决定去攻打赤眉起义军。
>
> 樊崇带领的赤眉起义军因长安断粮便向西去，结果遭到了埋伏，只能又返回长安。可这时候的长安已经被刘秀部将邓禹占领了，所以他们不得不重新打回去。然而到了冬天的时候，赤眉军粮草短缺，不得已引兵东进。
>
> 刘秀一面派大将冯异率军西进，在华阴埋伏赤眉军；一面在新安、宜阳驻扎重兵，意图截断赤眉军的归路。冯异与樊崇交战数十天后，邓禹率军来与冯异会合。多次被赤眉军打败的邓禹，妄想取得胜利，便派了部将邓弘先进攻赤眉军，结果不出意外被打得落花流水。
>
> 邓禹、冯异二人亲率主力救援，在回溪再次被打败，邓禹只好带着24骑逃回宜阳，冯异只带着几个人逃回溪阪营寨。后来赤眉军先在崤底被冯异打败，在折向东南时，又在宜阳陷入了刘秀的重兵包围，这一战樊崇等人艰苦战斗也没能突围，最后在粮尽力竭的情况

下投降了。

　　这一战结束后，刘秀下了一道诏书，里面有这样几句话："开始在回溪遭受挫折，最后在渑池一带获胜。这就是所谓在日出的东方吃了败仗，在日落的西边却得到了胜利。"你看，刘秀多次被打败后，并没有就此放弃，任由赤眉军发展，而是一次次地找机会翻盘。

　　想象一下，如果刘秀在三番五次的失败后就不打赤眉军了，任由其扩展自己的势力。那么之后会发生什么？那就是，刘秀的势力被一点点蚕食掉，最后什么也剩不下。

　　这个道理放在生活中也是很有用的。生活有得有失才是常态，我们遇到的那些不如意的事情其实都意味着我们已经得到或者将要得到。可见，不要沉浸在那些不如意的事情里，要用行动来改变那些坏事，要相信，好事将会发生。

　　并且，在生活中，一些好事和坏事是同时降临到我们身边的，就看我们能不能除了看到坏事外，还能发现隐藏在里面的好事。

　　高尔基在困难中找到了他渴望读书的权利。

　　高尔基很小的时候，就开始了每天十几个小时繁重劳动的生活，不仅如此，鞭打和责骂也是家常便饭。对他来说，读书是一件可望而不可即的事情。

高尔基读书入了神，而水烧开了他都没有注意到，结果就是茶缸被烧坏了，闯了大祸。这下免不了女主人的一顿责罚了，凶狠的女主人知道后，抄起一根松木棍，不给高尔基任何解释的机会，就向他身上打去，一边打还一边用恶狠狠的语气责骂他。

高尔基被打得遍体鳞伤，已经到了不得不看医生的地步。他的身上青一块紫一块，有些地方还渗出了血，甚至木刺都扎进了肉里。医生从他的背上拔出了12根木刺，医生看到他这一身的伤很是气愤，鼓动高尔基去告发这个女主人。

女主人这时害怕了，她担心高尔基真的去告她虐待罪。于是，马上换了一副可怜的面孔说："孩子，只要你不去告发我，你提什么条件我都答应。"

"你说话算数？"高尔基问道。

"是的。"女主人无可奈何地说。

"只要你允许我在干完活后可以读书，我就不去告发你。"

女主人满口答应。高尔基因祸得福，获得了读书的权利。

你看，高尔基的生活并不容易，如果不是碰到那位好心的医生提醒他，可以去告发女主人，他可能就白挨了一顿皮肉之苦，还是没有得到学习的机会。

由于面对很多事情，我们都没有选择的机会，只能硬着头皮直接上。所以，很多看似巧合的事情，里面都包含着努力、坚持和机遇。上天另有安排的事总是曲折又喜欢迟到，可我们无可奈何，只能等待，等去经历了它要我们经历的，好的事情在合适的时候还是会到来。

印度有四句很具有灵性的话：无论你遇到谁，他都是对的人；无论发生什么事，那都是唯一会发生的事；不管事情开始于哪个时刻，都是对的时刻；已经结束的，就已经结束了。

这四句包含了人生的很多道理，而我们唯一可以做的就是：坚持下去。

请记住所有失去的都在等得到的来临，所有的支离破碎都在等来之不易的圆满，所有的祸事都在等更好的福气。

只要你耐心等待，相信这一切都是最好的安排，痛苦是，快乐是，那些意想不到的惊喜也是。

09　坚持一下，有时候离成功只有一步之遥

电影《肖申克的救赎》中最让人印象深刻的是，安迪 20 年来每天都用那把小锤子挖洞，最后他凭借着这个洞口，终于顺利逃出监狱。

安迪这个角色之所以很动人，是因为他有着一直坚持下去的毅力。试想一下，假如他在这 20 年里的某一个时刻放弃了挖洞，那么他这一辈子又是怎样的呢？或许只剩无穷无尽的黑暗。

因此，人有时候正如莎士比亚说的那句话："无数人的失

败，都是因为做事不够彻底，并且往往做到离成功只差一步就停下来。"

可见，当我们遇到事情的时候，不妨多坚持坚持，说不定，成功就在一步之外。可坚持说着简单，做起来到底应该怎么办呢？

我先给你讲一个著名的荷花定律：

> 池塘里的荷花，每天都会以前一天的两倍数量开放。按照这个速度下去，等到第三十天的时候，荷花就会开满整个池塘。
>
> 有人好奇地问道："在第几天池塘中的荷花会开一半？"或许你会毫不犹豫地回答："第十五天。"其实，是第二十九天。为什么？因为根据数学计算，二的二十九次方是二的三十次方的一半。所以到了第二十九天时，荷花仅仅才开到池塘的一半。
>
> 最后一天很重要。如果第三十天没有继续开花，那么这些花最多也只能开一半。

这个定律和一句古话很相似："行百里者半九十。"意思是，走一百里路，走到九十里才算一半。

这句话告诫我们，做事越接近成功，越要坚持，否则"为山九仞，功亏一篑"。我们想要坚持到成功的那一刻，就需要有始有终、一鼓作气地做事情，不要在看见成功的时候就停下来，而是当我们真正把成功握在手上的时候，事情才算真的结束了。这样才能够在靠近终点时，为结局画上完美的句号。

而且，越到最后，拼的不是运气和聪明，而是毅力。因此，不到最后一刻，我们都不要放弃。

分享一个反面故事：

> 查德威尔是一个成功横渡英吉利海峡的女性，但她很想要超越自己，于是她打算从卡塔林那岛游到加利福尼亚。这项挑战远比横渡英吉利海峡辛苦得多。冰冷刺骨的海水冻得查德威尔嘴唇发紫，连续16小时的高强度游泳使她的四肢沉重。
>
> 就在这时，查德威尔感到自己快要坚持不下去了。当她抬起头观察四周的时候，周围只有冰冷的海水，没看到海岸线。她感到自己一丝劲儿也用不上了，于是对在艇上陪伴她的人说道："我放弃了，快拉我上去吧。"艇上的人告诉她："我预计只有一公里就到了，你再坚持一会儿，马上就到了！"
>
> 但她不信，说："如果只有一公里，我怎么可能会看不到海岸线，别废话了，快拉我上去。"最终，查德威尔被小艇上的同伴拉了上去。小艇继续飞快地向前开去，不到1分钟，加利福尼亚的海岸就出现在了眼前。
>
> 原来当时是大雾天气，加利福尼亚的海岸可视度只有半公里。而查德威尔就在这最后的一公里处选择了放弃，她也因此无比后悔。

你看，当我们面对眼前的一切已经筋疲力尽时，其实胜利的曙光就在一步之外。可见,有时候我们不妨在放弃时,告诉自己:再坚持一下。

就像一个拳手曾经说过的:"在受到对手猛烈重击的情况下,倒下是一种解脱,或者说是一种诱惑。每当这时候,我就在心里对自己叫喊:挺住,再坚持一下,再坚持一下!因为只有我不倒下,才有取胜的可能。"

你要知道,越是上坡的路越累,但熬过了上坡的艰难,迎接你的是"会当凌绝顶,一览众山小"的壮丽景色。因此,上坡的时候,在心里为自己鼓劲,总好过面对成功只差一步的悔恨。

荀子《劝学》里说:"骐骥一跃,不能十步;驽马十驾,功在不舍。锲而舍之,朽木不折;锲而不舍,金石可镂。"如何才能坚持,或许就是锲而不舍的精神。

古往今来,大多成功者身上都有这样的品质,都可以看到他们在最艰难的时候,也要咬牙坚持,才造就了他们的成功。这让我想起了我曾经看过的一个故事:

化妆品行业有两朵姊妹花:李菁和李礼。自 1995 年以来,两人一直在法意公司工作。这家公司是众多国际知名化妆品品牌的中国区总代理,曾经在进口化妆品市场中叱咤风云。李菁是市场部总监,李礼是销售部总监,两人共同创下了骄人的战绩。

她们出生于 20 世纪 70 年代,并且受过良好的高等教育。刚出道的李菁在北京百货商场销售化妆品被多次赶出去,还被嘲讽。而李礼更是曾经顶着炎炎夏日，在马路上坐了 6 个小时，就为了给公司争取优惠的合作条件。

她们选择了自己热爱的职业，尽管刚开始吃尽各种苦头，她们还是坚持下来了。一开始她们没有休息日，白天要做销售，晚上还要兼职库管。平时还要和销售人员一起做促销、搞活动。她们自己也说，能够坚持下来，完全是因为对这份工作的热爱。

当时不仅工作辛苦，而且环境也差劲，没有空调和供暖，库房简陋，产品搬运麻烦。但是李菁和李礼两人还是咬牙坚持到了最后，等来了属于她们的时代和机会。

你看，成功没有捷径可走，人们往往是在身处逆境时，还要继续坚持。可见，任何事情，既不要急于求成，也不要半途而废，想要见证水滴石穿的奇迹，就必须有持之以恒的毅力。坚持，成功就在你脚下。

鲁迅先生曾说过："真正的勇士，敢于直面惨淡的人生，敢于直视淋漓的鲜血。"不可否认，这句话涵盖了大部分人的行为动机。我们总是想得太多，但是缺乏坚持到最后的勇气。这就是为什么，成功的总是占少数，失败的人并不是说他们没有努力过，而是他们在努力的最后一刻放弃了。

为什么？因为越是到了最后一刻，越让人痛苦不已，无法忍受。于是大部分人选择了到此为止。就像那句话说的：什么时间天色最黑呢？是黎明前。但是只要挺过了这短暂的黑暗，就可以迎接光明的到来。

因此，坚持一下吧！把事情一鼓作气、有始有终地做完，在心里不断地为自己鼓劲，找到合适的办法，耐心地在靠近终点时也充满100%的斗劲，那一步之遥的成功就在你面前。

10　不要在乎别人怎么看，做好自己就行

也许我们都有这样的想法：害怕在街上或者人多的地方摔倒，因为我们爬起来最先想的是，到底有多少人看到了自己的囧样。这种感觉会让我们满脸通红，从而尴尬的程度超过了肢体的疼痛。

其实，这样的反应源于我们太在意别人的看法。

人生活在一个社会群体里，注定要受到社会群体的影响，若这个人无法坚定自己的内心，那么其他人的话常常会成为左右其思想的章则，最后让这个人变得阴晴不定。

如果你的内心不坚定，这是一件不可避免的事情。

举个例子，当有人说"你今天穿的衣服看起来很糟糕""你这样做简直是蠢死了"等对你进行负面评价的话时，你的心里会不由自主地发生一系列变化，觉得自己真的很糟糕、很愚蠢。

比如，你明明很喜欢这件衣服，仅仅因为别人觉得这件衣服太丑了，所以你回家就扔了它；这件事你明明可以做得漂亮，仅仅因为别人说还不够好，你就再也不继续做下去了。

可这样做了之后，我们真的会感到快乐吗？结果是，这些常

常令我们感到后悔,听信了别人的谗言。而后,你才会明白,别人怎么看你,不关你的事情,做好自己就行了。

为什么会这样?

从心理学上来讲,一个人太在意别人的看法,往往源于他自身内心不够强大。越是在意外界的看法,越是无论好坏的观点都全盘接受。久而久之,这样的人会越来越胆小,越来越不自信,从而失去自我。

凯路亚克的小说《在路上》里说过:"真正不羁的灵魂不会真的去计较什么,因为他们的内心深处有国王般的骄傲。"其意思便是,别人说什么,那是别人的事,我们应该在乎的是,自己过得舒不舒适。

分享一个故事:

> 公元前638年,宋襄公出兵伐郑,郑文公向楚国求救。于是,宋国和楚国的士兵在泓水边相遇,准备第二天开战。
>
> 宋襄公特别推崇仁义,在乎别人在这方面对他的评价。于是,他做了一面写着"仁义"的大旗。
>
> 公孙固向宋襄公建议等楚军过了一半的河时,就杀过去。宋襄公却害怕别人说自己不仁义,就拒绝了提议,并且等到第二天楚军全军过河后,才开始正式交锋。
>
> 可当时的宋军根本不是楚军的对手,双方交战以宋军重创而告终。宋襄公也受了非常重的伤,还好手下拼命保护,才得以逃脱。

你看，两军对垒，可能一个小的决定，就会让无数人丧生。在面对生死存亡之际，宋襄公想的却还是别人如何看待自己的"仁义"，从而让自己的军队错过了最佳的开战时机，最后成为手下败将。可见，一味地在意别人如何看待自己的人，是不会有多大成就的。

生活中这类事情非常多：遇到问题不好意思向别人请教，生怕别人觉得自己是个笨蛋，于是不懂装懂，最后把工作搞得一塌糊涂；本来家境贫穷，非要花上两个月的工资买一个奢侈品，让别人觉得自己是一个有钱人，最后生活过不下去，自食其果。

可生活就像水，冷暖自知。如果别人说我们是什么，我们就是什么，别人说什么，我们就去做什么，最终受伤的还是我们自己。

就拿闲言碎语来说，如果一个人说你丑，这辈子都没有任何出息，难道你这辈子就再也不去努力创造更好的条件了吗？很显然不是。

因此，别人说什么，我们不必去较真；别人怎么看我们，我们不必去在意，所有的这些说法和看法，一旦较真和在意，为难的都是自己。此时我们应该做的是：做真正思想上的自己，懂得权衡利弊，保持自己独立的思想和人格，去做最好的自己。

对此，邓亚萍的故事让我深受鼓舞：

> 1989年，年仅16岁的邓亚萍首次参加世乒赛就夺得女双冠军。但是最开始她可是因为身高不够并没有被大家看好。
>
> 她5岁的时候就开始跟随父亲练习乒乓球。在苦

练三年之后，她开始参加各种各样的比赛，并多次夺得第一名，可谓打遍同龄人无敌手。从那个时候开始，她的身高就已经被身边的人注意到了，确实是矮。但是在她父亲的不断鼓励下，她夜以继日，刻苦训练，不在乎其他人的看法，只是专心练球。后来终于如愿进入国家队。

到了国家队，同样因为身高问题不被教练看好。但是她并没有因此产生什么想法，动摇自己的观念，而是勇往直前，创造了自己独特的战术，在首次世乒赛中就夺得冠军。

不仅如此，在之后她的职业生涯中，更是夺得多达 18 个世界冠军的头衔。她最初因为身高问题而不被身边的人看好，但是她并不在乎这些人的看法，而是坚持自己的内心，最终一鸣惊人。

你看，一个从来不被人看好、被人总是唱衰歌的邓亚萍，最终通过自己坚定的内心，成为自己梦想中的世界冠军，是多么振奋人心的故事。可见，一个人要有坚定的思想，不受外界影响，才能蹚出一条属于自己的路。

可生活中有很大一部分人却没有那么坚定"走自己的路，让别人说去吧"的思想。我们经常可以看到，在一些恶意的、不负责任的评论里，很多人绝望地离开了世界。可恶意是不可能完全消失的。如果人人都在意这些恶意，那么人活着的意义，就完全没有了。

过度在乎他人的目光只会让我们丢了自己的初心，因此，不要把时间和精力浪费在一些无聊的东西上面。就像《庄子集释》里讲的："井蛙不可以语于海者，拘于虚也；夏虫不可以语于冰者，笃于实也；曲士不可以语于道者，束于教也。"

别人不理解我们，没有关系，这些茶余饭后的闲话不过是过眼云烟，我们真正要关注的还是自己想要做的事和未来的走向。走自己的路，让别人说去吧。当别人说你的时候，其实证明了你已经比他走得更远了，而他也将远远地被你甩在身后，直至完全看不见。

有一句话相信大家都听过："人言可畏。"其意思是，人的言论是可怕的，它的威力完全可以颠覆事实。

当你明白这个道理的时候，你就会发现，无论你做什么，都会有人骂你，也会有人夸你。我们一旦在意其中任何一句话，就会像是被捆住手脚一样，被别人牵着鼻子走。

可我们生活在这样复杂又多变的世界里，就注定要接受来自四面八方的看法。而我们要做的就是：听从自己内心的声音，正视自己，不逃避善意的批评，也不在乎恶意的指责，做最好的自己就好。

不渴望他人的夸奖，不害怕他人异样的眼光，赞美也好，嘲笑也罢，都不要太过在乎，做好自己，我们的人生就会一片光明。